自分でできる! 小屋の作り方

Self-building Tiny House

物置やガーデンハウスが週末DIYでできる
小屋のセルフビルド、徹底ガイド

DIY SERIES
ドゥーパ! 特別編集

ONE PUBLISHING

Contents

Part 1

小屋作り施工ガイド

How to Build the Tiny Wooden House

Part 2

手作り小屋実例集

DIYer's Tiny House Collection

掲載されている資材の価格などのデータは、すべて取材時のもので、変更される場合があります。
＊本誌をもとに製作される場合は、安全に十分留意の上、個人の責任で行なってください。
＊本誌で紹介する商品の価格は、特に明記している場合を除き、すべて税抜き価格です。

Part 3

小屋作り実践マニュアル

Tiny House Construction Manual

Part 4

小屋作りに役立つDIYテクニック

Technique for Tiny House Builders

小屋という自分サイズの宇宙。

PROLOGUE

ミニ工房に作業台を置き、楽器創作に没頭する。そんなワクワク空間（関連ページはP50）

自力で作った菜園小屋の前でひと休み。野菜を作り、小屋も作った。いい週末の時間（関連ページはP70）

小さな小屋を作ることは、小さな暮らしをその手に収め、等身大の自分と向き合うことだ。

趣味の小屋。隠れ家。物置小屋。庭のゲストハウス。工房。仲間が集う小屋…。

目的やスタイルはいろいろあるけれど、自分で計画し、汗をかき、失敗を重ねながら、ようやく完成させた小さな構築物。床下の見えない土台や屋根裏の野地板のひとつひとつに思い出があり、柱の傷や少しゆがんだ建て付けの悪いドアにさえ愛しみを感じる。

そんな極私的空間にこそ、暮らしに確かな実感と元気を与える内実がある。

知恵と身体を使って行き着いた、その心地よさこそが、セルフビルドの大きな魅力なのだ。

自慢の囲炉裏小屋で火付けをして鍋料理の準備。そうして仲間を待つ時間が好きだ（関連ページはP72）

庭に作った小屋で父と息子たちが戯れる。小屋作りは思い出作りでもある（関連ページはP56）

外壁作業。仲間がいれば楽しく一挙に進む（関連ページはP32）

青い空の下で、週末大工。ひとつひとつの作業が新鮮で面白い

小屋作りは仲間を呼ぶ。高いところで大騒ぎ。そんな週末が最高

棟上げを目指して夢中になる。そんな瞬間を味わったら、もうやめられない（関連ページはP26）

小屋作りの極意は、夢中になること。

PROLOGUE

実は、小屋作りは難しくない。基礎、土台、床、壁、屋根…という工程を、忠実にクリアすることで、小屋は必ず完成する。ひとつひとつの工程は、ひとつひとつの手順によって成立し、ひとつひとつの手順は、ひとつひとつの道具を当たり前に使うことで成立する。つまり、棚が作れれば、いつか必ず小屋は建つ。あとは、夢中になること。努力し、頑張るのは難しくても、あることに没頭し、熱中し、到達点を夢想することはできるはずなのだ。週末の2日間、あるいは長い休暇に、夢中になって小屋作りに向かう自分がいれば、必ず小屋ができる。小さな失敗を重ねても、完成したときの喜びはとてつもなく大きい。そして、小屋作りは、間違いなく、成功した人を次のステップに向かわせるのだ。

Dopa! Magazine

Part 1

小屋作り施工ガイド

「自分で小屋を建てる」のは決して難しくない。ここで提案したいのは、DIYで小さな小屋を建てるための合理的な方法だ。数ある工法の中で、もっともDIY向きと言われる2×4工法（枠組み壁構法）で建てる小さな小屋の施工例をベースに、基礎作りから、壁や屋根の立ち上げ、外壁や床張り、建具作りなどを、写真や図解などを折り込みながら解説し、初めてでも十分に理解し、実行できるような構成とした。

「セルフビルドで小屋を建てる」というと、なにかとてつもない作業のように思えるが、本項を読めば、DIYビギナーでも十分に小屋作りに挑戦できることがわかるはずだ。物置としてはもちろん、庭の片隅に建ててガーデンハウスやゲストハウス、あるいは工房や子供部屋、趣味の部屋にしてもいい。週末の空いている時間を利用してコツコツやれば、必ず完成する。その日に向かってまずはスタート!

How to Build the Tiny Wooden House

●プランニング
●道具の調達
●資材の調達
●基礎、根太、土台の設置
●枠組み、パネルの立ち上げ
●トラス、棟上げ
●屋根張り
●外壁張り
●床張り＆内張り
●窓、ドアの取り付け
●塗装

Step 01

プランニングする

まず、2×4工法で、3畳の小屋を

DIYで初めて小屋を建てようという場合、まずはなるべく小さな規模の小屋を建ててみることをおすすめする。たとえば床面積5㎡程度（3畳間程度）の小屋あたりが適当だろう。この規模なら、面倒な建築申請がいらないということもあるが、簡単な独立基礎でOKだし、安価な2×材やスギ材を使えば、材料費もかなり抑えられる。工期が長くなって途中で嫌になったり、挫折したりするのも防げる。

また、建築工法は、DIY向きだといわれる2×4工法がおすすめだ。2×4工法は、床、壁ともに2×材で組んだ枠に合板を張ってパネルにして組み立て、面で強度を確保する建築工法で、接合は基本的にビス打ちの突き合わせだけ。柱などに継ぎ手を加工する必要がない。さらにビギナーでも作業工程がわかりやすく、通常の日曜大工の技術でも十分に自作できる工法だ。庭に物置やミニシェッドなどを建てる場合には適当な方法だし、大工仕事が初めてという人でもなんとか建てられるはずだ。まさに「棚ができれば家が作れる」を証明する工法だ。

簡単な図面を書こう

スタートに先立って、寸法取りした小屋の図面を描いてみよう。たとえば、床面積を合板3枚をノーカットで敷きつめたサイズの1820×2730㎜にした3畳小屋の図面。壁の高さも合板の規格サイズに合わせた1820㎜とし、これにトラス（三角の妻壁の骨組み）を立て、切り妻型の屋根を立ち上げるという最もオーソドックスな構造だ（図参照）。

基礎は沓石《くついし》を6個使った独立基礎で、モルタルで固めないで、硬い平らな地面に置くだけの簡易な設置としたい。

使用する材はどこでも入手可能で、安価かつ面取り不要な2×材各種をメインに、下地材の構造用合板、屋根材（アスファルトシングル）、外壁材のスギ板（野地板として売っているもの）を加えたい。

建具は、窓とドアをひとつずつ自作してみよう。材料は2×材を使うが、採光のために加工性のいいアクリル板（5㎜厚程度）を併用してもいい。ドアは両開きではなく、片開きのほうが圧倒的に簡単だ。

以上のようにプランニングした場合、材料費は20〜21万円ぐらいになる。

なお、工期プランは、アマチュアでも男ふたりで週末を4回、つまり8日間というところだろう。

3畳の小屋のプラン図の例

＊次ページの「小屋の構造例と部位の名称」と併せて見るとさらに理解しやすい。

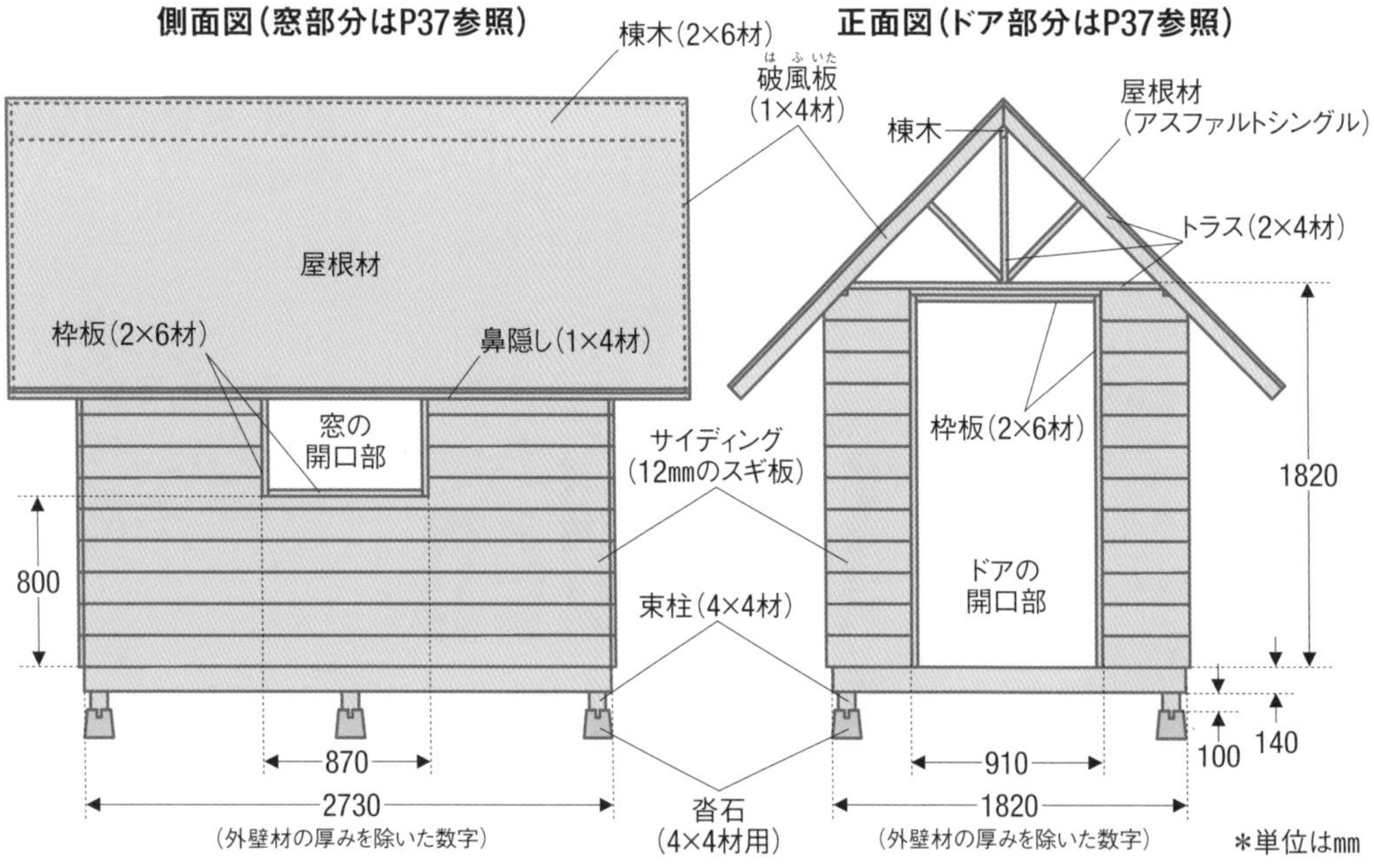

2×4工法の小屋の構造例と部位の名称

下張り材
野地板の上に張り、ルーフィングの下に張る材。合板やスギ板が使われることが多い。垂木の上に直接張る場合は、これが野地板になる
棟カバー
屋根の頂点を覆うカバーとなる屋根材
野地板（のじいた）
棟木や桁の上に張る。図では室内から見えるので、2×6材などを使って見栄えをよくし、強度を高めている
棟木（むなぎ）
屋根の小屋組みの頂点を支える横木。図では2×6材を設定
屋根材
屋根の表面を仕上げる材。アスファルトシングルやトタン、オンデュビラタイルなどが使われる
トラス
三角形の構造で外力に抵抗できるように組み込まれた構造体。ログハウスなどによく使われる
上枠
壁の枠組みの上側の枠になる材で、「桁」を兼ねている。2×4材が使われる
防水紙
屋根材や外壁材の下に張る。ルーフィング
コーナー板
コーナーをきれいに仕上げるための板。図では1×6材を設定している
外壁材
壁の仕上げ材。スギ板や1×材、ガルバリウムなど、さまざまな材を使う
沓石（くついし）
独立基礎の基礎石。いろいろなタイプがある
束柱
沓石の上に置かれ、土台が載る短い脚。4×4材を使っている
壁の下地張り
外壁材の下地。通常は合板を使う
根太（ねだ）
床を支えるために張り渡された板材。通常は2×4材や2×6材を芯芯455㎜間隔で配置する
床下地材
根太の上に張り、フローリングの下に張る
フローリング
床板。この下に合板の下地材を入れる
縦枠
壁の枠組みの縦方向になる角材。2×4材が使われる。通常は芯芯（材の中心から中心まで）455㎜間隔で立てられる
下枠
壁の枠組みの下側の枠になる材。2×4材が使われる

Step 02

道具をそろえる

ぜひ用意したいラインナップは…？

小屋作りに必要な道具を準備することも大切なことだ。大量な加工に便利なスライド丸ノコや溝切りカッター、また足場台や広い作業台などがあると便利だが、高価な上、その後の使用頻度を考えたら購入をためらってしまうかもしれない。電動工具に関しては、ホームセンターのレンタルシステムを利用するという方法もある。

ここでは、3畳の小さな小屋作りで、使用頻度の高い、ぜひとも用意してほしい道具をラインナップしてみた。どれも、小屋作りに限らず本格的なDIYを目指すならばぜひともそろえておきたい道具だ。作業台については、適当な板材で作るという手もある。

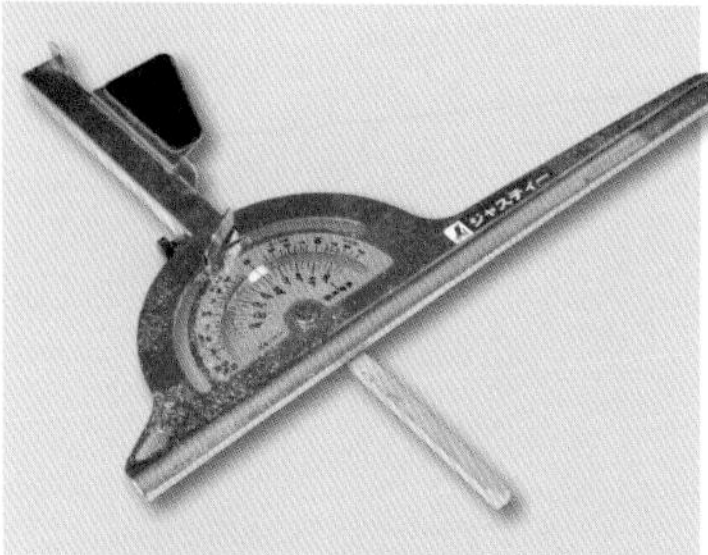

これが角度定規。丸ノコの切り線が真っすぐ正確になるように丸ノコを沿わせるジグ。いろいろな角度に設定することができ、固定した腕に沿わせて丸ノコを動かせば、曲がりや揺れのない真っすぐな線を切れる。

丸ノコカットで、角度定規を使うと、いろいろな角度を正確に切れる

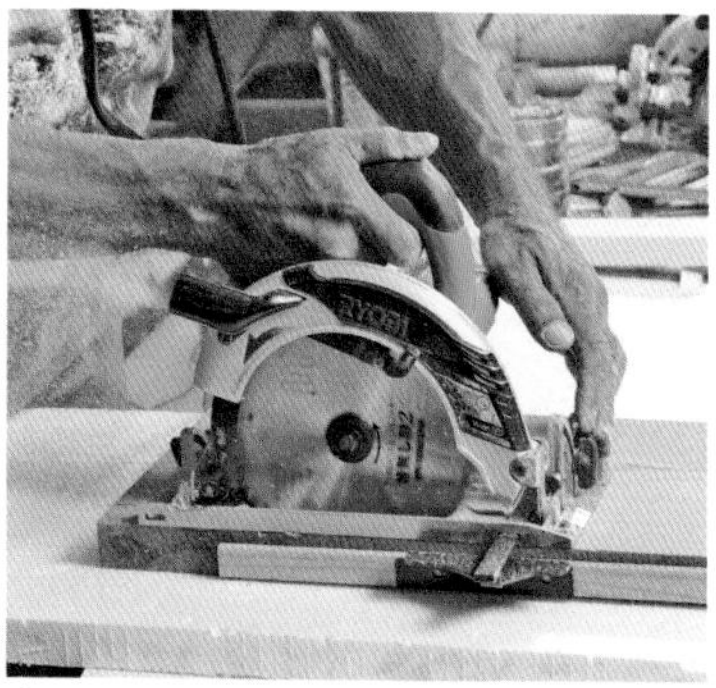

丸ノコの付属品の平行定規を使うと、長い材も真っすぐに切れる。板材を細く割くときに便利

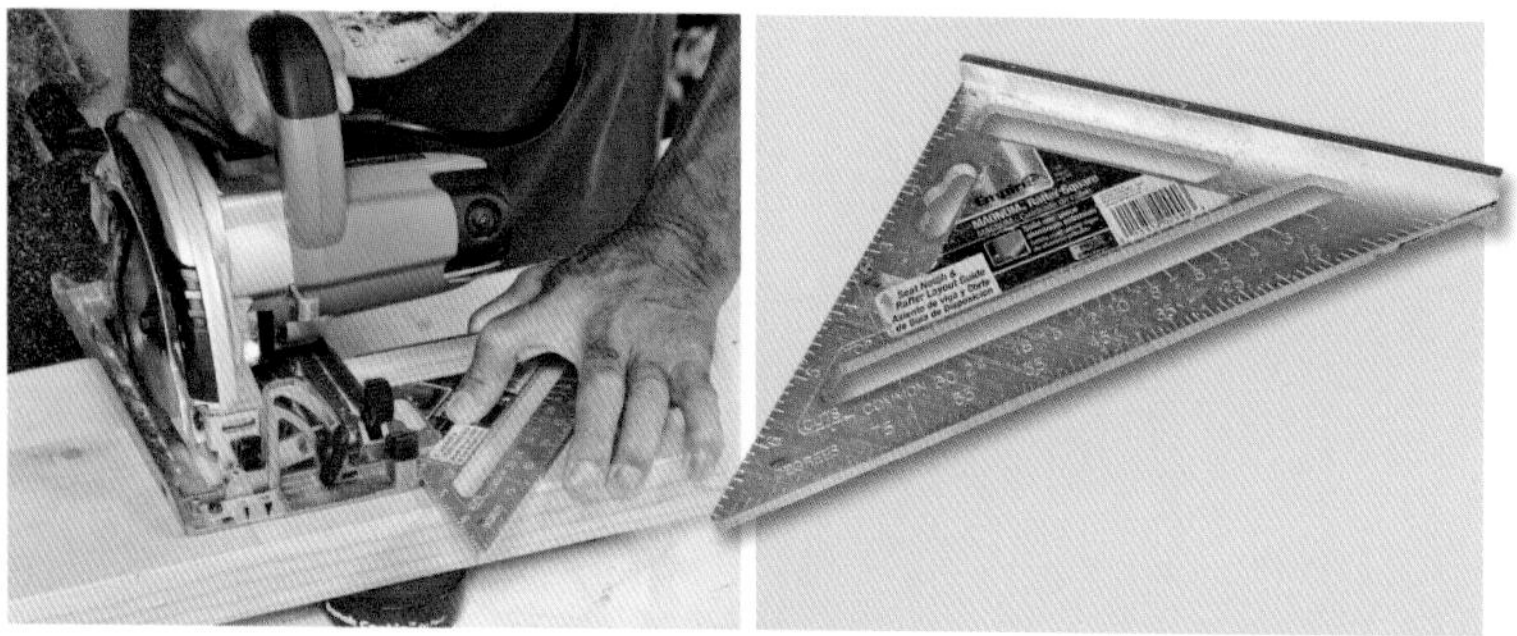

スピードスクエアと呼ばれるスコヤの一種。板材にこのように引っかけて使用すれば、一発で直角を出すことができる

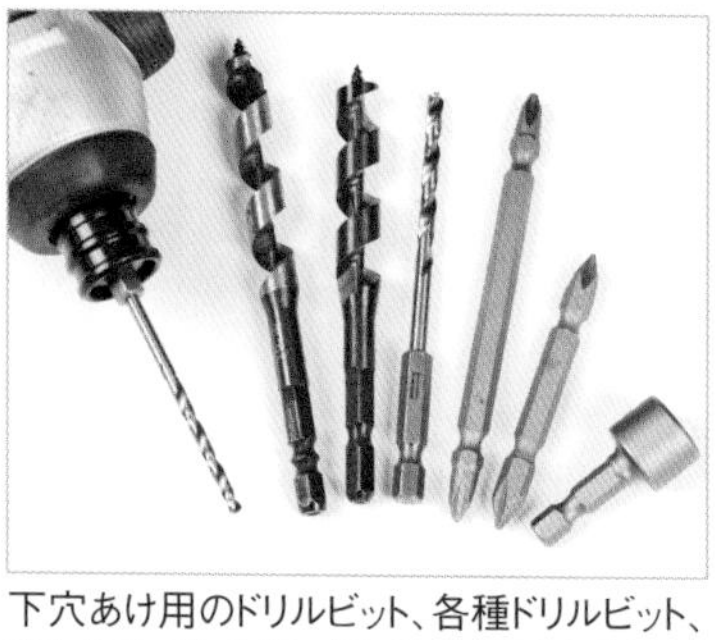

下穴あけ用のドリルビット、各種ドリルビット、ドライバービット類。差し込み部が六角形のビットがインパクトドライバーに使える

脚立&養生シート。屋根や高所の作業では脚立が必要。自分で楽に屋根に乗れるだけの高さがある脚立を選ぶ。シートはブルーシートと呼ばれる現場用のシートがあれば不意の雨などから作業中の現場や工具を守ることができる

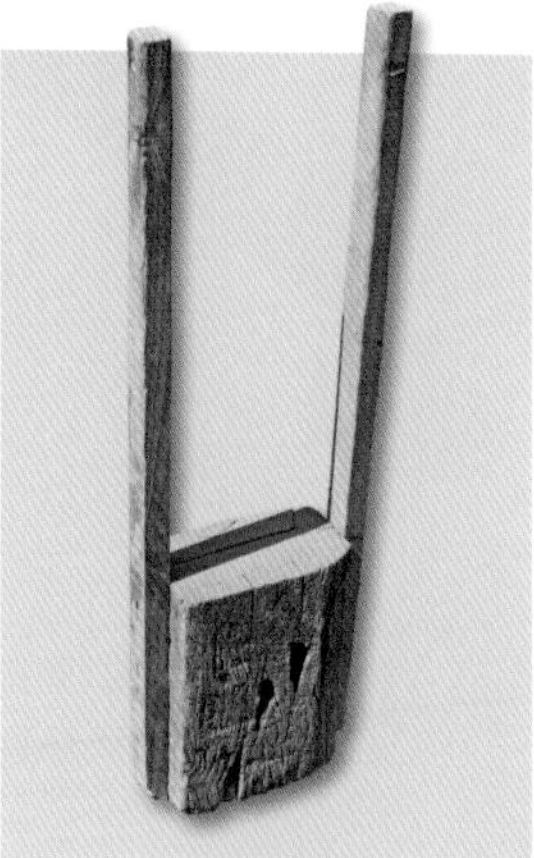

枕木と角材で手作りしたタンパー

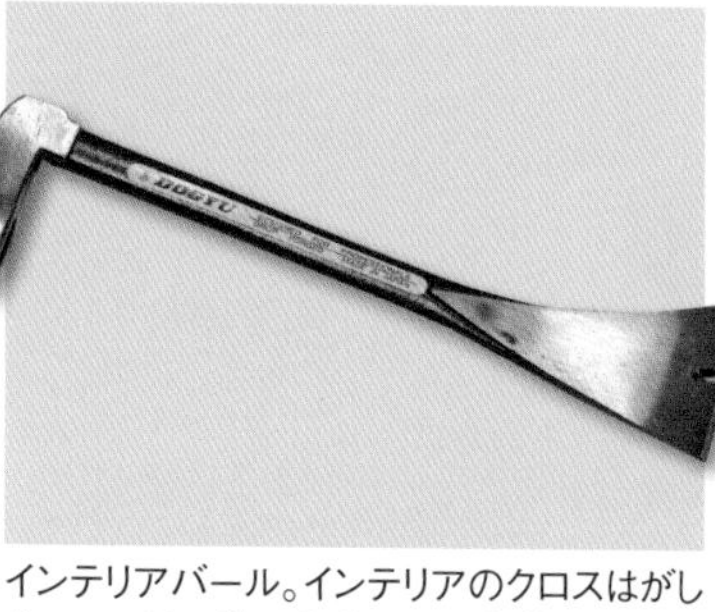

インテリアバール。インテリアのクロスはがしやフローリングはがしといった作業に使いやすい小さなバール。小屋作りでは、反った材をたわめて、強制的に納めたり、ドアの設置でドアを持ち上げるのにも役立つ

用意したい道具一覧

	工具名	用途	備考
電動工具	丸ノコ	木材の直線切断、角度切断、溝加工など	角度定規や平行定規との併用がおすすめ
	インパクトドライバー	ドリルビットを使った穴あけ、ドライバービットを使ったビス打ち	各種ビットも用意すること
	ドライバードリル	同上	同上
	ジグソー	曲線の切断、窓抜き、飾り切りなど	ブレードの交換で金属加工もできる
	サンダー	木材の研磨	サンディングパッドの交換で番手を変えられる
	ディスクグラインダー	金属のカット、木材の研磨など	打ち損じたビスのカットなど
手工具	ノコギリ	木材の切断、角度切りなど	替え刃タイプが主流
	カナヅチ	クギ打ち、各所の微調整など	350g以上の重いモデルが使いやすい
	カンナ	木材のカンナがけ	建具の微調整などで役立つ
	ドライバー	ビス締め	蝶番の取り付け
	タッカー	防水紙の張り付け	ホチキスで代用も可
	インテリアバール	クギ抜き、各所のコジリなど	腰袋に入れておくと便利
	カッター	ルーフィングやアスファルトシングルのカットなど	腰袋に入れておくと便利
	クランプ	材の固定	いくつかのタイプをそろえておくと便利
	ゴムハンマー	叩いて各所の微調整	枠組みや土台の調整
計測道具	メジャー	長さを計測	5.5mのものが使いやすい
	水平器	水平・垂直をチェック	短いものと長いものがあるとベスト
	サシガネ	直角の墨線を引く	スコヤで代用も可
	チョークライン	長い距離の墨線を引く	外壁材のビス位置を墨つけするときなどに便利
	角度定規	丸ノコを直線ガイドする	角度切りなどに便利
	平行定規	同上	丸ノコで板材を細く割くときの必携ツール
土木道具	タンパー	地面に突きつけて固くならす	枕木と板材で自作できる
	シャベル	地面を掘る、ならす	基礎石の設置に
塗装道具	各種スジカイバケ	塗装する	場所によってハケ幅を変えたい
	ペール缶	塗料を入れる	代用品も可
補助道具	コードリール(延長コード)	電源の移動に	なるべく電流容量の大きいものに
	脚立	高所作業に	屋根のひさしに十分に届くものを
	養生シート	材の保護、作業現場の整理など	ブルーシートのこと
	足場板	高所作業に	ふたつの脚立に渡して使用
	ガラ袋	端材、現場ゴミの回収など	10枚単位で安く売っている

「ウマ」で、作業環境を高める

現場をいかに作業しやすい環境に仕立てるかはとても大切なことだ。とくに板材に墨をつけ、カットするための場所を確保することは必須条件と言える。簡単なのは、「ウマ」と呼ばれる仮設の架台を用意すること。手作りで用意したり、「ウマ」を作るためのブラケットを利用すること。ノコギリ台はもちろん、塗装のための材を並べたり、合板を置いて簡易作業台にすることもできる。使わないときは分解して収納できる。

2台のウマを並べて上に合板を載せれば、すぐに作業台として使うことができる

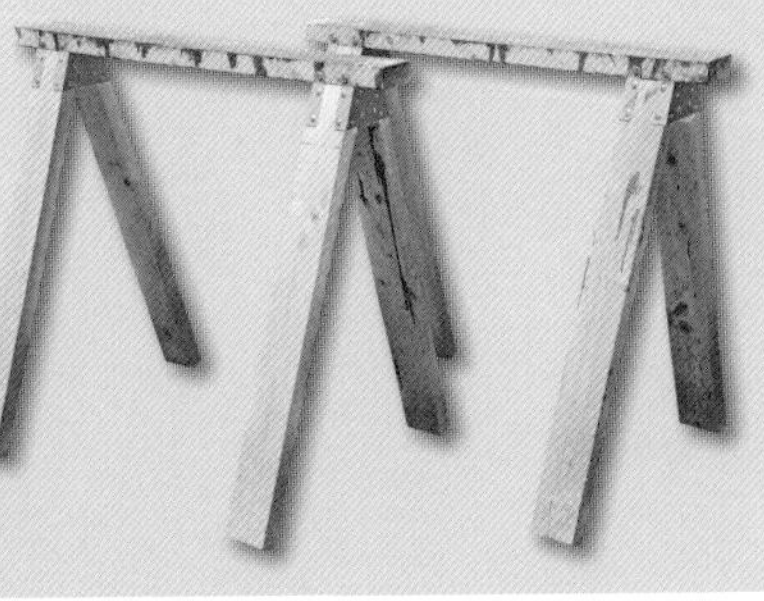

ブラケットに2×4材をセットして作った仮設の架台。4本足だからウマということだそう。高さや幅は、使い手の好みで変更できる

Step 03

資材を調達する

無駄が出ないように、作業工程に合わせて調達

材料調達は、基本的には地元のホームセンターか、ネットなどを利用した通販、あるいは木材の専門業者でということになる。ホームセンターの場合は、大量の材木を運ぶので、軽トラックのレンタルシステムのあるホームセンターを利用するか、自分の車を使ってこまめに運び込むかということになる。通販業者は、希望する期日と時間帯に作業現場まで配達してくれることが多い。

前述のような3畳規模の小さな小屋でも、使用資材はけっこう多岐にわたる。木材のほかにも、基礎石、屋根材、防水紙、アクリル板、ビス類、ドアの蝶番や落としなどの金物などが必要になる。

DIYの場合、一度にそろえず、その日の作業工程に合わせて用意するというほうが無駄が出ないだろう。別表にプラン例に挙げた2×4工法による3畳ハウスの使用資材例をまとめてみたので、参考にしてもらいたい。予算的には、20万円ぐらいになるはずだ。

また、もうひとつ。運び入れた資材は、作業の邪魔にならない場所に、取り出しやすいように置いておくこと。雨風に備えて、適当な材を下敷き用の台にして、ブルーシートなどでカバーしておくことも大切だ。

スギ板。本来は野地板の材だが、12mm厚のものを外壁材として使う。安価なのも魅力。ただし、塗装は不可欠

構造用合板。JAS規格で生産され、小屋の壁下地、床下地、屋根下地などに使う。サイズは910mm×1820mmのサブロク（3尺×6尺）サイズが一般的。厚さは9、12、15、18、24、28mmなど

3畳の小屋の資材ラインナップの例

資材名	量・数	備考
4×4材（6ft）	1本	防腐処理済みのもの
2×6材（12ft）	7本	SPF材、土台／根太用
2×6材（6ft）	55本	SPF材、野地板／建具などに
2×4材（12ft）	20本	SPF材、構造材／建具などに
1×4材（10ft）	3本	SPF材、窓／扉のトリミングに
構造用合板（12×910×1820mm）	20枚	下地材に
スギ板（12×180×1800mm）	10束（100枚）	サイディング（外壁）、床材に
アスファルトシングル	7束（140枚）	屋根材に
21kg防水紙（ルーフィング）	2本	屋根&壁用
2×4沓石	6個	基礎石に
アクリル板（5×900×1800mm）	2枚	ドア&窓用
蝶番（大・小）	各1組	ドア&窓用
丸落とし&ラッチ	2個	ドア&窓のロック

*このほかに、24mmシングルクギ、38/51/65/75/90mmコーススレッド、50mmフロアクギ、50mm丸クギ、タッカー用ステープルを適宜用意

資材は、地面に直接置かないように下敷きの台を入れておく。夜間は養生シートでカバーすること

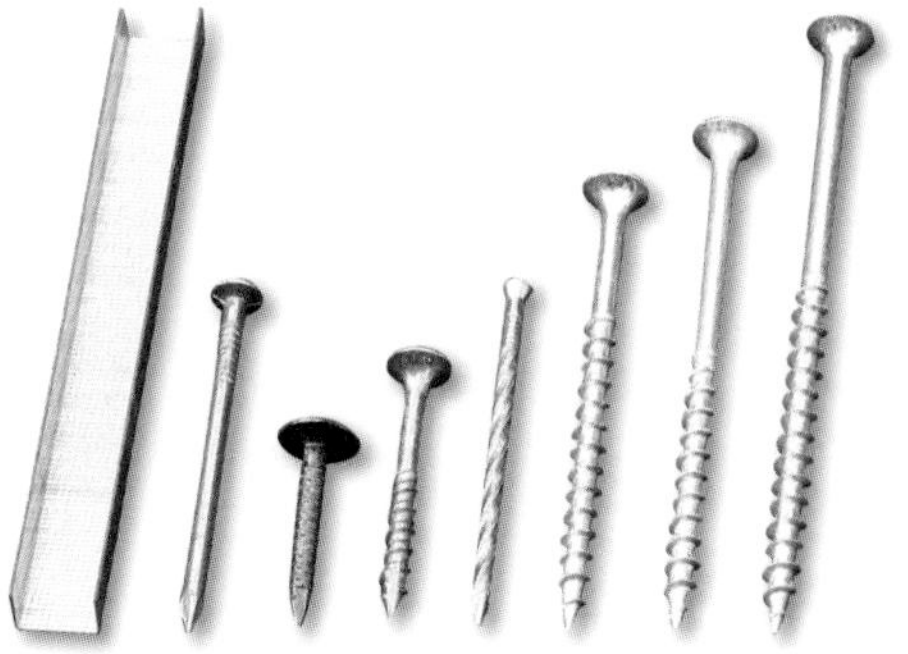

これだけのビス類が必要になる。右から、90・75・65㎜コーススレッド、50㎜フロアクギ、38㎜コーススレッド、24㎜シングルクギ、50㎜丸クギ、タッカー用ステープル

これがアスファルトシングル。切れ目が入っている。上に載っているのはアスファルトシングルの専用シングルクギ

これが2×4沓石。真ん中の穴に4×4材を差し込むことができ、上部の溝には2×4材を横向きに差し込むことができる沓石。羽子板つき沓石よりやや高価

これが防水紙（ルーフィング）。屋根の下地材に張って、防水能力を高める。外壁の下地に張って、壁の防水性を高めることもできる

2×材は、SPFか、防腐処理済み材か、あるいはウエスタンレッドシダー？

2×4工法で建てる小屋作りの構造材は、2×材を使うが、2×材には、安価なSPF材やホワイトウッド、一般にACQ材といわれる防腐処理済み材、さらに防腐防虫性の高い、高価なウエスタンレッドシダー材（美しい表面を持っていることから、塗装処理をせずにデッキ材として利用されることが多い）などがある。小屋作りでは、構造材として利用されるので、SPF材を使うことが多いようだ。ただし、地面に近い、根太や束柱（脚）などはあらかじめ塗装をしておくか、防腐処理済みの2×材を使うケースが多い。

2×材。もともと2×4工法用の材として規格された材で、2×4工法の壁になる枠組みを組み立てるために使われる。2×材のバリエーションとして厚みを増した4×4材（89㎜角）という柱材も販売されている。上から、2×4材、2×6材、2×8材。2×10材。なお、2×材の長さはフィート（ft）で表されることが多い（換算表参照）

4×4材。柱材として使いやすい

1×材。屋内壁、天井、棚、家具など多様な作品の素材として利用できる。上から1×4材、1×6材、1×8材、1×10材、1×12材

2×材、1×材の断面寸法

公称（呼び寸法）	実寸法
1×4	19×89㎜
1×6	19×140㎜
1×8	19×184㎜
1×10	19×235㎜
1×12	19×286㎜
2×4	38×89㎜
2×6	38×140㎜
2×8	38×184㎜
2×10	38×235㎜
4×4	89×89㎜

フィート⇄ミリの換算表

3フィート	914㎜
4フィート	1219㎜
6フィート	1830㎜
8フィート	2440㎜
10フィート	3048㎜
12フィート	3650㎜

Step 04

基礎、根太、土台を設置する

3畳の小屋の基礎・根太・土台の施工手順例

施工場所をならす
▼
各コーナーに基礎石を仮置きする
▼
根太の外枠を組んで、基礎石の上に仮置きする
▼
各コーナーの脚を取り付ける
▼
内側の根太を取り付ける
▼
残った脚を取り付ける
▼
根太の上に合板を張る

初めに根太の外枠を組んでから、脚を取り付ける

小さな小屋作りの基礎や土台は、普通のウッドデッキを作る要領でやればいい。一般にウッドデッキの場合、各コーナーやその間に基礎石を設置し、束柱（脚）を立て、その上に床板を張れば、とりあえずデッキになる。小屋作りの場合もほぼ同様だが、根太の上に床の下地となる合板を張るというのが違うといえば違うところ（床板は、あとで下地＝合板の上に張ることになる）。

ポイントは、床の下地（合板）を張るときに、根太の外枠が正確な四角形になっていることと根太が正確な水平になっているということ。少しでも狂いがあると、このあと、枠組み・パネルを立ち上げるときに歪みが出たり、パネルに段差が出たりするからだ。また、デッキよりも耐荷重性が必要になるので、根太や基礎石の数を増やしたり、根太の補強材を入れたりすることもある。

もちろん、基礎や土台の施工についてはいろいろな方法があるわけで、どの方法がいいかは意見が分かれるところ。ここでは、独立基礎を使ったプラン例「3畳の小屋」施工のDIY向きの手順例を説明していこう（図参照）。

まず、施工場所を平らにならし、タンパーなどでしっかり突き固めるなど、ある程度整地しておく。

続いて、各コーナーに基礎石（4×4材を差し込める沓石）を仮置きしておく。さらに根太の外枠を組み、正確な四角形を確認した状態で基礎石の上に仮置きする。続いて、4つあるコーナーのうち1カ所の高さを決め、そこで外枠に脚をしっかり固定し、ここを基準にぐるりと外枠の脚を固定していく。ここでは水平器で水平を確認したり、コーナーの直角を確認するのをしっかりやること。

また、基礎石は地面に置くだけでもいいのだが、床を低めに設定したければ、基礎石を地面に埋め込んでもいい。モルタルで基礎石をしっかり固定してもいい。なお、基礎石の高さはすべて同じにするに越したことはないが、これはだいたいでいい。大切なことは根太をしっかり水平にすることだから、根太を取り付けるときに水平を確認すればいい。

外枠と各コーナーの脚が決まれば、残った基礎石と脚、内側の根太や補強材を取り付け、根太の上に構造用合板（12㎜厚）を張れば、土台部分が完成する。

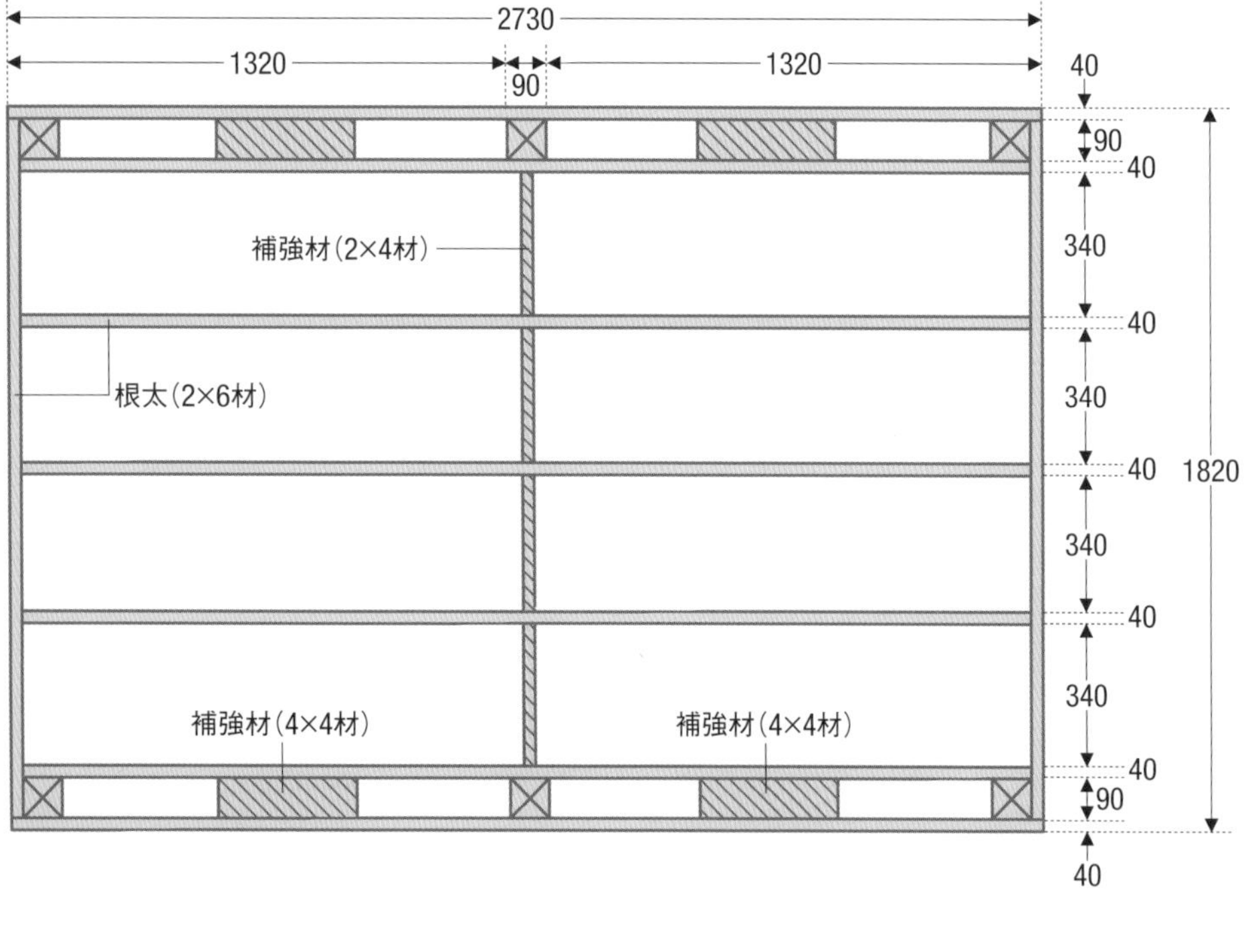

独立基礎を使った根太の上面図（3畳の小屋の例）＊単位は㎜

＊2×材の厚さの実寸法は38㎜、2×4材の幅の実寸法は89㎜だが、本書の図面ではそれぞれ40㎜、90㎜として扱って表示しています（以下の図面でも同様）

手順例

施工位置が決まったら、図面のサイズどおり、コーナーに置く4つの基礎石（沓石）を仮置きする

図面どおりにカットした根太の外枠の板材（2×6材）を仮置きしてみて、基礎石の位置を微調整して確認。基礎石間のふたつの対角線の長さが同じなら、角が直角になった正しい長方形に基礎石が置かれているはず。チェック方法の詳細はP120参照

外枠の板材を組む。90㎜のビスを使用（1カ所3本）。正確に接合すること

外枠を各コーナーの基礎石に仮置きしてみる。この段階でもう一度対角線チェックをして、外枠が正確な長方形になっているかを確認

床板の高さを決め、各コーナーの束柱（4×4材）を取り付ける。このとき、外枠の水平をしっかり取ること

束柱は、ビス打ち（90㎜ビス）でしっかり固定。ここは負荷がかかるところなので、十分な数のビスを使いたい

残ったコーナー間の基礎石＆束柱を取り付け、いよいよ内側の根太（2×6材）を取り付けていく

根太間は340㎜に設定した。ただし、両側は束柱を挟むように2列にサンドイッチした

両側の2列の根太の間に補強材（4×4材）を入れた。これは念のため

念には念を入れ、根太と基礎石の間のスペースにも補強材（2×6材）を入れた

根太がすべて入った

合板を張り、土台が完成。ここでは910×1820mmの合板が3枚ノーカットで張れるように設計してある

根太の上に合板を張っていく

基礎石のいろいろ

羽子板つき沓石

羽子板と呼ばれる金物がついた沓石。羽子板にはビスやボルト用の穴があり、束柱、土台などの木材に固定できる。上面の一辺が105mmのものと120mmのものが一般的。羽子板がないものに比べて高価なため、小屋の四隅のみ羽子板つきを使ってビスやボルトで固定し、その他の箇所は羽子板なしを使って載せるだけというケースもよく見られる

沓石

束柱が履く靴ということで沓（くつ）石と呼ばれる。上面の一辺が90mmのものと120mmのものが一般的。真ん中の穴は、束柱にホゾを作って差し込むためのもの

重量ブロック

コンクリートブロックには軽量ブロックと重量ブロックがあり、後者は圧縮強度が高いので基礎石として使うことができる

ピンコロ石

コンクリートを立方体に固めたもの。沓石より安価

コンクリート平板

舗装用のコンクリート平板も基礎石として使われることが少なくない。よく使われるのは、厚さ60mmで縦横300×300mmサイズの平板

土台作りのお役立ち資材 基礎パッキン

硬質ゴムでできている「基礎パッキン」と呼ばれるパーツは、基礎石と脚の間にスペーサーとして挟むと木部に湿気が浮き上がるのを防ぐ役目をする。ホームセンターでの扱いも多く、安価なのも魅力

オイル缶にコンクリートを充填して作った基礎の例。これも手作り。あらかじめコンクリートにL字形金具を埋め込み、土台をビスで固定しているケースもある

ボイド管という厚紙でできた紙管にコンクリートを充填して作る基礎。言ってみれば手作りの基礎石。生コンを充填するときにアンカーボルトを埋めておけば、脚や土台を固定できる。写真はボイド管にコンクリートを充填し、固まるのを待っている状態

基礎のいろいろ

基礎には、いくつかのパターンがあるが、基本的な役割は、「小屋の重さをしっかり支えること」、「小屋に地面の湿気をなるべく伝えないこと」、「床を水平にするための基準になること」の3点。これらのポイントを押さえた上で、どんな基礎にするかを検討していけばいい。小さな小屋作りの場合、簡単な独立基礎が多いが、よりシンプルな「掘っ立て基礎」（柱を直接地面に埋めて固定してしまう方法）や、より本格的な「布基礎」（周縁部にコンクリートを立ち上げた基礎）、「ベタ基礎」（一面に平らに敷いた基礎）などがある。

掘っ立て基礎の例。柱を2000㎜にするなら2600㎜の材を600㎜埋める、3000㎜なら3900㎜の材を900㎜埋めるというのが、およその目安。穴の底には厚さ100㎜ほどコンクリートを敷き、さらに柱の周りも固めておくと万全。柱は腐りにくい材がいいのはもちろんだが、いずれにせよ地中に埋まる部分には防腐塗料をしっかり塗って耐久性を高めたい

布基礎の小屋の例

変則的な五角形の小屋の基礎。ややすき間はあるが、土台や根太の下にほぼまんべんなく重量ブロックを並べている。独立基礎と布基礎の中間のような基礎だ

鉄筋を通し、重量ブロックを2段積みにした布基礎の例。周縁部のみ穴を掘って突き固め、砕石を敷き、モルタルで固めた上にブロックを積んで土を埋め戻している。コンクリートのベタ基礎は打っていない

ボイド管にコンクリートを充填して作った独立基礎。コンクリートが固まってからボイド管をはがすとこのようになる

コンクリートのベタ基礎の周縁部に重量ブロックを固定して立ち上げている施工例。ブロックを代用した立ち上げは、より手軽でDIYの例も多い

Step 05

枠組み、パネルを立ち上げる

3畳の小屋の枠組み・パネルの施工手順例

各辺の枠組みを組む
◀
土台に枠組みを立ち上げる
◀
合板を張ってパネルにする

枠組みに合板がピタリと合うかがポイント

土台ができたら、壁の枠組み（骨組み）を立ち上げ、構造用合板を張って側面パネルを立ち上げる。一般に2×4工法の枠組みは2×4材をハシゴ状に組み、合板を張ってパネルを作る。これを土台の縁に立てれば、壁面が完成する。

ハシゴ状の枠組みは、窓をつける部分やドアなどの開口部をよけて組んでいくことや、あとで野地板が載る両側面の上枠板の前後を伸ばしておくこと（桁の代わり）がポイント。接合は基本的に75㎜ビスの突きつけで行なう。ただし、パネルを土台の縁に立てるときは90㎜ビスでがっちりと打ち留めること。

枠組みに張っていく合板（12㎜の場合）は、50㎜程度の丸クギ（CNクギ）を100〜200㎜ピッチで打ち留めていくというのが基本のようだが、小さな小屋作りの場合、40〜50㎜程度のコーススレッドで打ち留めていくことも多い。

また、合板を枠組みに張るとき、あとでつける屋根の野地板に干渉しないように、少し下に（12㎜ほど）ずらして張ることもポイントだ（左図参照）。

小屋の側面構造図

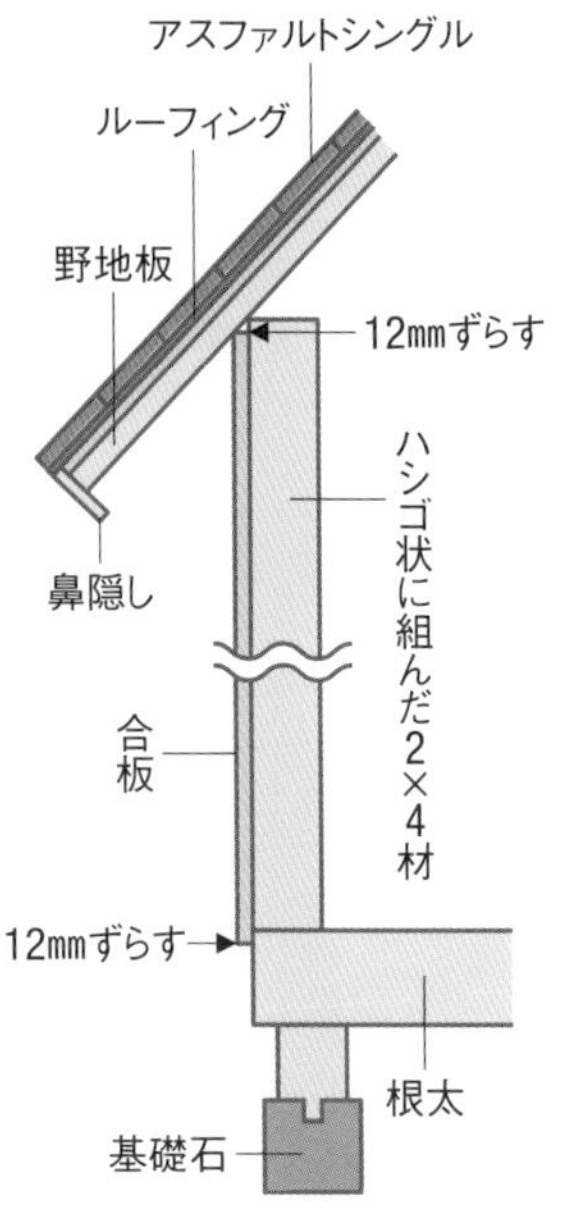

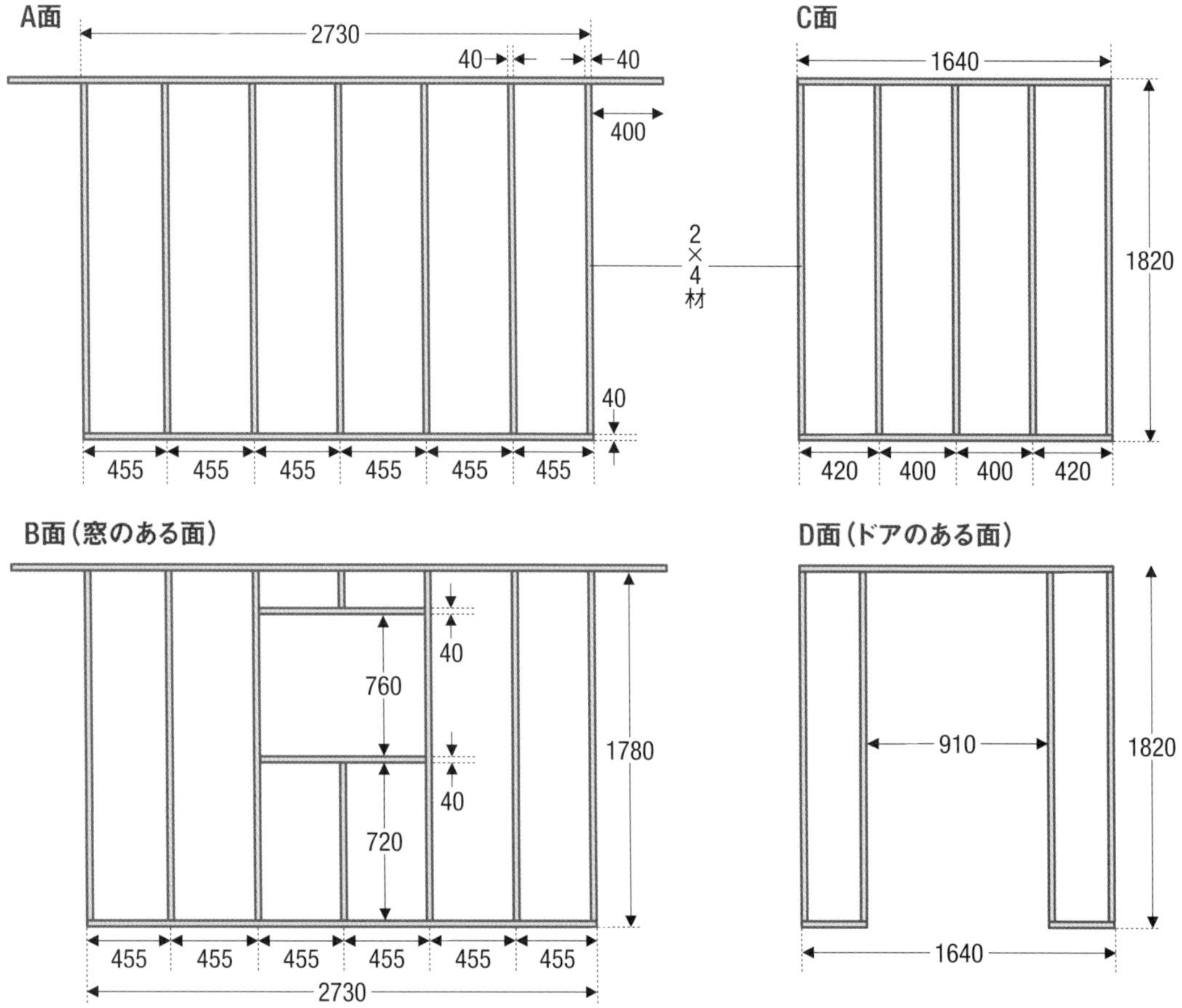

壁面の枠組み構造図（3畳の小屋の例）
＊単位は㎜

手順例

図の壁面のサイズどおりに2×4材をカットし、組み立てる。写真は側面の窓のない面（A面）の骨組みが完成したところ。あとで野地板が載る桁代わりの上枠板は長くなっている

枠板に合板を張ってパネルにする。ここでは窓のない側面は910×1820㎜の合板が3枚、ノーカットで張れるように設計されている

枠組みに張る合板は天地を下に12㎜ずらして張る。これはあとで斜めにつける屋根の野地板が当たらないためでもある（P22の図参照）

土台にパネルを立てて、90㎜ビスで打ち留めて固定する

ビスは下の枠板の上から打ち込む

枠組みに張ったパネルをずらして立ってるのがわかる

窓のある面の枠組みは窓の開口部分をよけるように組んである

窓のある側面に合板を張って、土台に立ち上げる。窓部分はあけてある

後面と前面に張るパネルは飛び出している側面の上枠板をよけるために切り欠いていることに注意

同様に後面の枠組みを作る。側面パネルに挟まれるため、左右のサイズが土台の幅よりも材の幅分、小さくなっている

後面のパネルが設置された

隣り合う枠組み同士をしっかり接合する

枠組みのピッチは基本的に455㎜に、高さは1820㎜に

枠組みの2×4材を組み立てるときの材と材の間のピッチは、端から始めて、455㎜が基本（端から以外は芯芯＝材の中心と中心の距離）。これは枠組みに910×1820㎜の構造用合板をノーカットで張るためのサイズ設定で、2×4工法の基本的なルールともいえる。また、同様に、高さも基本的に1820㎜が基本。ということは、あとでパネル（合板）の上から外壁を張るとき、枠板が見えなくても、ビス位置がわかることにも通じているので、非常に合理的なのだ。

前面の枠組みが完成した状態

ドアの両側になるパネルはサイズどおりにカットした合板を張る

前面のパネルを張って、4面全部のパネルの取り付けが終了。ドア部分の下に枠組みの下板が見えるが、これはあとでカットする

合板は、OSB合板でもOK

小屋作りの場合、枠組みに取り付ける合板は厚さ9～12㎜の構造用合板を用いることが多いが、同じ構造用材でも、ちょっと高価なOSB合板を張るという選択もある。OSB合板は風合いが独特なので、内張りを張らないでそのままむき出しで使うという場合はいい選択かもしれない。ただし、むき出しでOSB合板を内側に使うときは、低ホルムアルデヒド製品（F☆☆☆☆）を選ぶようにしたい。

OSB合板を使ってパネルを作っている例。内張りを張らず、そのままで、OSB合板の風合いを楽しんでもいい

各パネルが隣り合うパネルとぴったり合わなかったら、強引に修正してビス留め

パネルは、2×4材で組んだ枠組みに合板を張って作るわけだが、正確な直角を持つ合板の特性を利用し、合板に合わせて、多少強引にでも力技で調整していくことがポイントになる。たとえば枠組みと合板の隅がぴったり合っていなかったり、隣り合うパネルがずれていたら、この段階で枠組みを修正していこう。

天地1820㎜、左右1820㎜の枠組みには、理論上は規定サイズの合板がぴたりと収まる。これで合わなかったら、合板に合うよう枠組みのズレを力技で修正していくこと

Step 06

前後の妻壁を作って棟上げする

3畳の小屋のトラス・棟上げの施工手順

前後のトラスを組む ◀ トラスの枠組みに加工したアクリル板を張る（妻壁を作る） ◀ 妻壁を前後のパネルに立ち上げる ◀ 棟木を取り付ける

アクリル板で採光を

切り妻屋根の場合、まずは前後の妻壁（三角壁）の枠組み（骨組み）となるトラスを作る（図参照）。組み終わったトラスに板材を張って妻壁とするが、部屋の採光やデザイン的な効果を考えてアクリル板を張るという手もある。5㎜厚程度のアクリル板はガラスと違って丸ノコでのカットが可能なのでDIYでの小屋作りでは便利な素材だ。妻壁を前後のパネルの上に立ち上げて固定すれば、あとは前後に棟木を渡し、めでたく上棟となる。

手順例

2×4材を図面どおりに組んでトラスを作る。45度カットが多くあり、シビアな加工&取り付けになる。正確なカットと接合が必要なので、合板に型紙代わりの図面を描いて、2×4材をあてがいながら組んでいく方法がDIY向き（囲み記事参照）

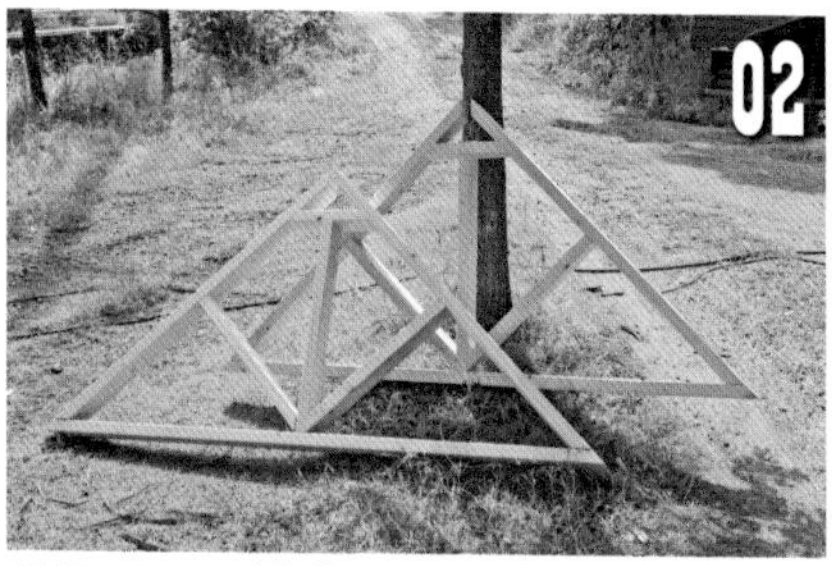

前後のトラスが完成。トラスの組み付けの接合は、下穴をあけてから65㎜ビスでビス打ちしたほうが狂いが出にくい。まったく同じものが2個できた

できあがったトラスを5㎜厚のアクリル板に載せ、現物合わせで墨線を引く。アクリル板の表面には保護のための薄い紙が張ってあるので簡単に墨が引ける

墨線に合わせてアクリル板を丸ノコでカット。アクリル板は割れやすく、割れた破片が飛び散って思わぬケガをすることもあるので慎重に。コツは丸ノコの刃の出幅を必要最小限にし、フル回転で切り始めること。切るというより削る感覚で切り進めること

トラス正面図
（3畳の小屋の例）
＊単位は㎜

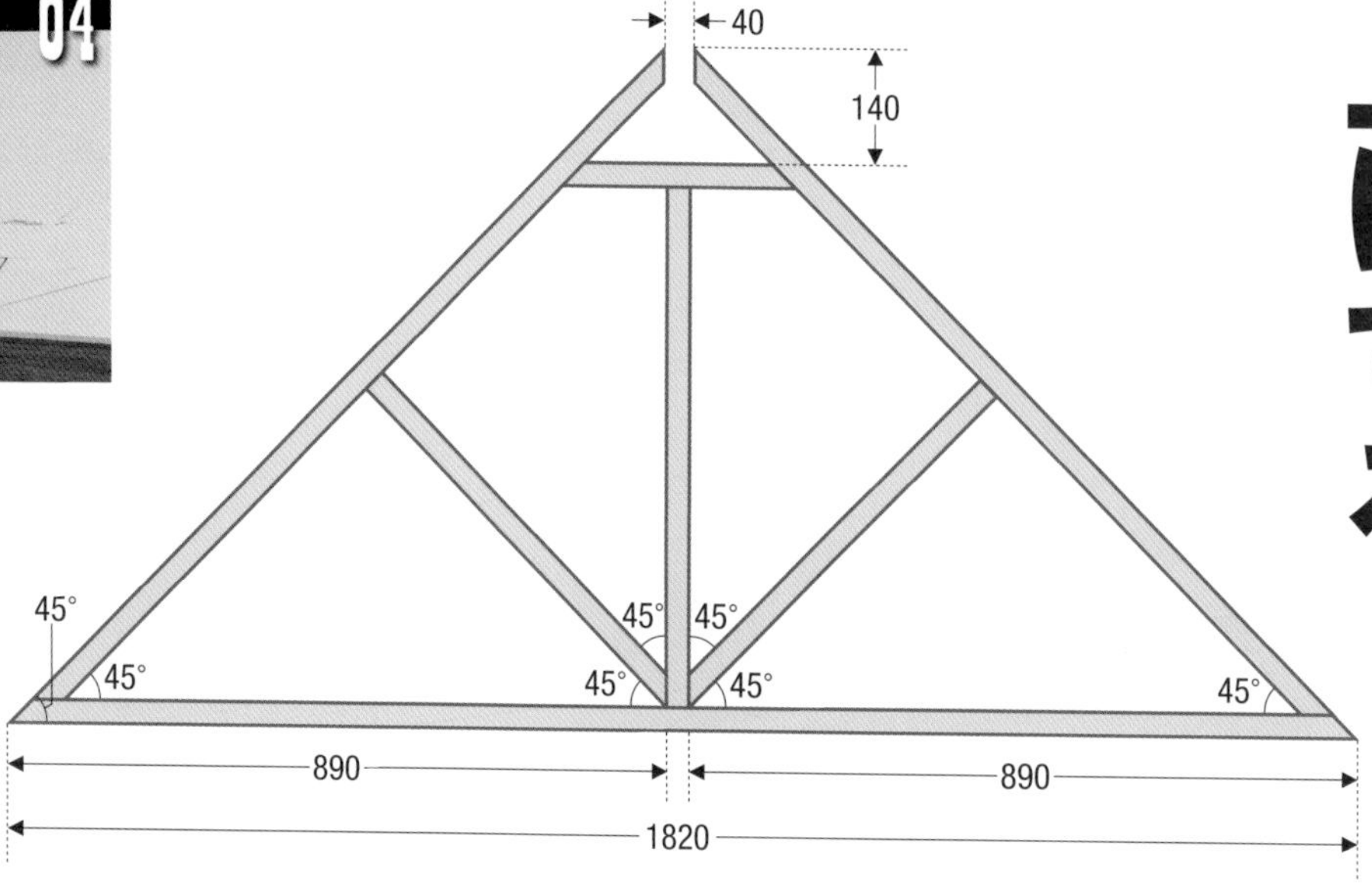

05
丸ノコでカットできない頂上部分（棟木が収まる部分）は、ジグソーでカットしよう

06
アクリル板は単純に骨組みの外側から下穴をあけ、ビス留めで固定する

07
トラスにアクリル板を張って妻壁が完成。前後に取り付けるので同じものを2個作る

08
できあがった妻壁を前後のパネルに載せて固定する。接合は65㎜ビスで

09
前後の妻壁に棟木（2×6材）を渡す。棟木の前後の張り出しはここでは各400㎜にしてある

10
棟木を固定して棟上げになる

アクリル板の取り付けは、下穴&ビス留めで

アクリル板のビス留めを割れが出ないようにするためには、必ず2㎜径程度の細いドリルビットで、下穴をあけてからビス留めを行なうこと。できればビス頭が隠れる皿取りビットでできればベストだ。皿取りをしない場合は、鍋頭ビスを使いたい。

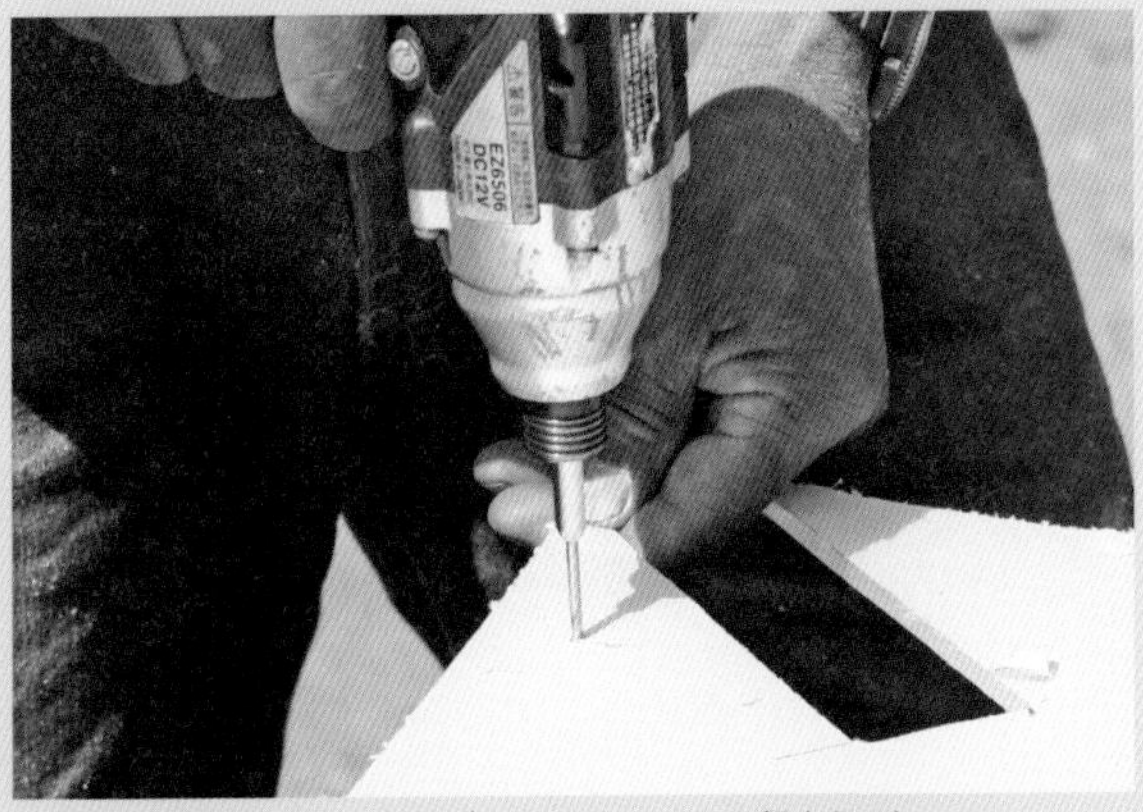
アクリル板のビス留めは必ず下穴をあけてから行なうこと

トラスの正確なカットと取り付けは、原寸大の墨線で現物合わせで

DIYで、トラスを構成する板材（2×4材）を正確にカットし、正確に接合する簡単な方法は、合板などに原寸大のトラスの図を描き、そこに材をあてがって墨線を引き、カットし、さらにカットした材を合板に置いて組み立てるのがいちばん。45度カットや斜め打ちの接合などもこれでクリアできるはずだ。

カットした材を原寸大の墨線を引いた合板にあてがって接合する

Step 07

屋根材を張る

垂木《たるき》を使わず、いきなり2×材を野地板に

棟木を頂点にして左右に野地板を張り、その上に合板、ルーフィング（防水紙）、屋根材を張っていくのが屋根張り作業。棟木を頂点に左右に垂木を振り分け、その上に野地板（合板）を張る方法もある（別項参照）。3畳小屋の例では屋根材にアスファルトシングルを使うにあたりクギが突き抜けないよう、2×6材を野地板にして、室内からの見栄えをよくすると同時に、強度的にもしっかりしたものを目指している。

棟上げが終わって、はっきりと家の形が見えた上に、屋根材を張れば雨が降っても大丈夫だという安心感も手伝って、小屋作りのモチベーションが上がる段階だ。DIYで張る屋根材にはアスファルトシングルやオンデュビラタイル（別項参照）などが一般的だが、先述のとおりここではアスファルトシングルを使っている例で説明する。

ただし、屋根張りは意外に時間がかかる。作業位置も高くなり、足場作りも重要なテーマになる。くれぐれもケガには注意したい。

3畳の小屋の屋根張りの施工手順例

- 野地板（2×6材）を張る
- ◀ 鼻隠し（1×4材）を取り付ける
- ◀ 破風板を張る
- ◀ 下地材（合板）を張る
- ◀ ルーフィング（防水紙）を張る
- ◀ 屋根材（アスファルトシングル）を張る

手順例

棟木と両側のパネルの上枠板に野地板（ここでは2×6材を選んでいる）を渡し、端からすき間をあけずに順に張っていく。ここでは厚い2×材を野地板に使っている。これは屋根材にアスファルトシングルを使うため。野地板の長さは1850㎜程度に切った。これはあとで合板の長さ（1820㎜）に切りそろえる

野地板の取り付けは90㎜ビスの斜め打ちとなる。端からすき間をあけずに順に張っていく

野地板が張り終わった

野地板の端を丸ノコできれいに切りそろえる。合板の長手の長さ（1820㎜）にきれいに切りそろえること

切りそろえた野地板の裏側の端に1本下地材（2×2材または垂木材）を取り付ける。これは鼻隠しを取り付けるための下地になる

左右の野地板の側面に鼻隠しの板（1×4材）を取り付ける。このあと野地板の上に張る下地材（12㎜厚の合板）の厚さ分＝12㎜、上に飛び出すように張ること

さらに、前後の野地板の側面に破風板（1×4材）を取り付ける。最上部は斜めカットになっている。これも鼻隠しと同様、12㎜上に飛び出して取り付けること

鼻隠しと破風板がついた。下地材の厚さ分（12㎜）飛び出しているのがわかる

下地材＝12㎜厚の合板を張っていく。取り付けは50㎜の丸クギで。下地は厚みのある2×6材

下地材が張り終わった

ルーフィング（防水紙）を張る。下からつなぎ目を重ねながら張っていくこと。あとで屋根材を水平に張っていくことを考えて、印刷されているラインや文字を水平にして張っていくこともポイントだ

ルーフィング（防水紙）を打ち留めていく。これはタッカーと呼ばれる大きいホチキスのような工具で打ち留めていく。タッカーがないときはホチキスで打ち留めていこう

屋根材を張る。ここではアスファルトシングルを選択した。これで屋根張りが終了（アスファルトシングルの張り方は別項参照）

片流れ屋根の施工の例

片流れの屋根の場合は、やはり、立ち上げたパネルの上に片流れ屋根の骨組みを作り、全体を合板で覆い、防水紙を張ってから屋根材を張る。ポイントは屋根材を張るときのビスやクギの位置の下地となる桟を配置すること。桟がないとビスやクギが合板を突き抜けて室内に出てきてしまうからだ。

合板→防水紙→屋根材を張って屋根張りが終了

立ち上がったパネルの上に骨組みを載せて固定。屋根材を打ち留めるクギ位置に下地の桟が取り付けられている

垂木を取り付け、その上に合板の野地板を張る方法もある

施工例では、棟木と左右の上枠板に2×6材を敷きつめて野地板とし、その上に合板の下張り材を張って、ルーフィング（防水紙）を張ったが、合板を野地板にする場合は、まず垂木（2×材など）を取り付け、その上に合板を張って野地板とし、その上に防水紙を張るという方法もある。

棟木と上枠板に垂木を渡した状態。この上に合板を張って野地板とする

アスファルトシングルの張り方

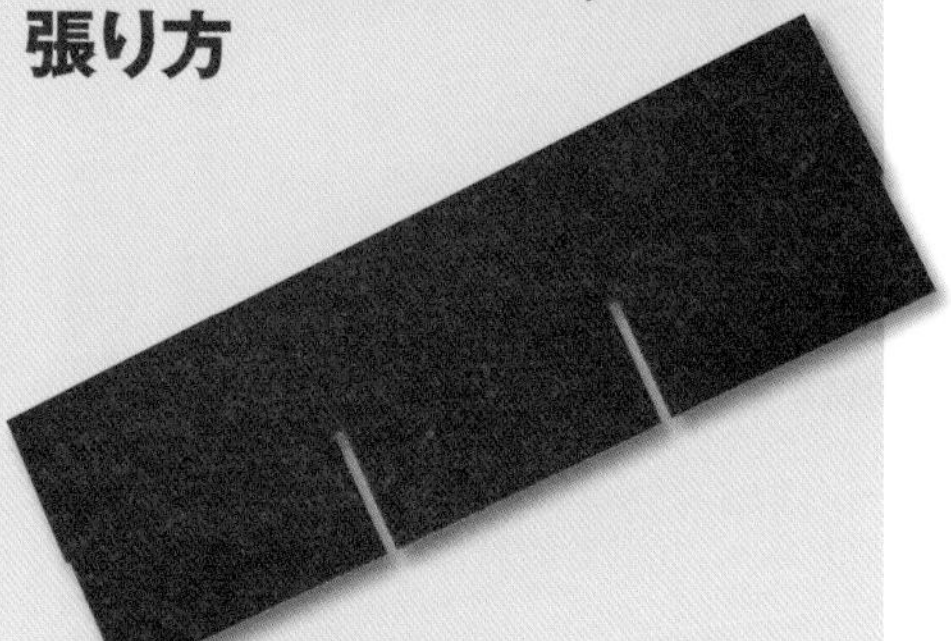

オーソドックスなデザインのアスファルトシングル屋根材。どんなウッディハウスにもよく調和する。色はブラック、レッド、ブルー、ブラウンなど多数ある

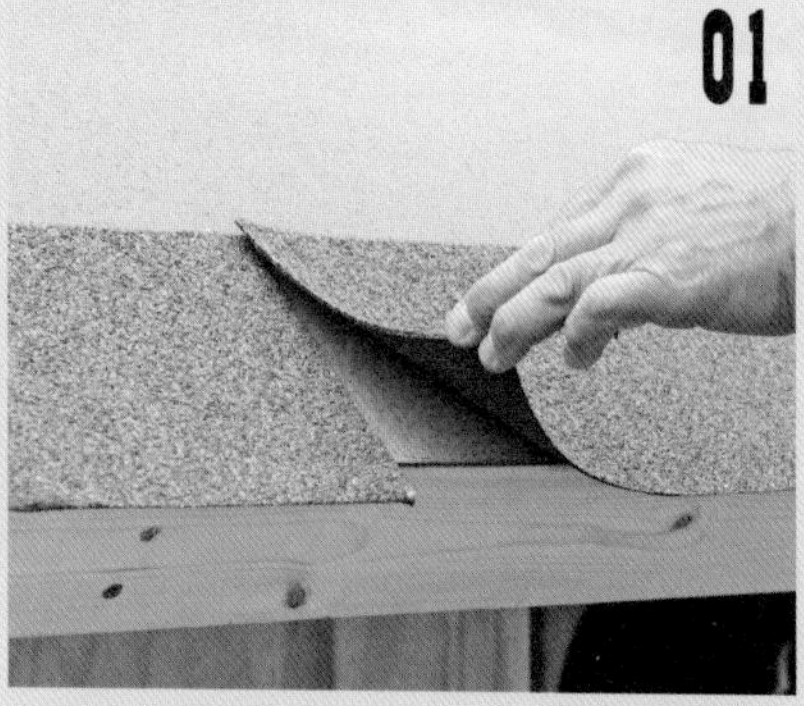

ルーフィングを張ったあと、まず、屋根の下端から上に向かって張っていく。1列目は半分の幅にカットしたものを張る。また隣とのつなぎ目は少し重なるように張っていく。（1列目はアスファルトシングルをカットしないで単純に上下逆に張るというやり方もある）。なお、最初に張るシングル材は、雨流れ対策も兼ねて少しはみ出るぐらいに張っていくのが普通

1列目のアスファルトシングルに重ねて、もう一度、今度は裂け目を下にして張っていく

アスファルトシングルの重なる部分にはシングルセメントを接着すること。これでかなりしっかりと張れる

アスファルトシングルの固定はシングル用のクギ（写真は24㎜）で。クギを打つ場所は裂け目の上端の少し上で重ねて見えなくなるところ

以後は同じ向きで、半分重ねて上に向かって張っていく

トップ部分は多めに重ね、最後は真上からくるんで固定する

ガルバリウム波板の張り方

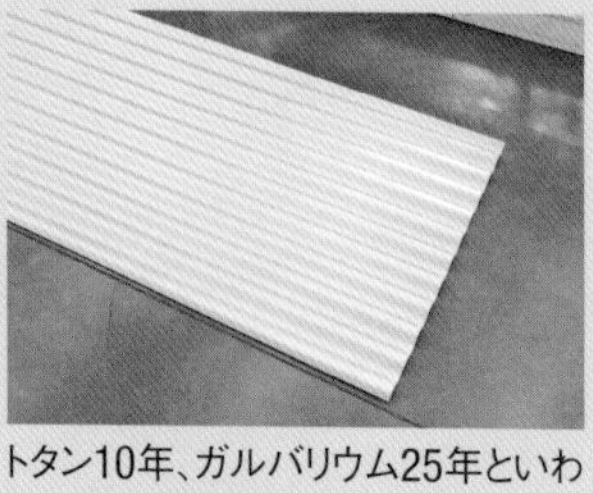

トタン10年、ガルバリウム25年といわれるほど高い耐久性を持つ波板。一般住宅の資材としても使用される

ルーフィングを固定したら、屋根全体に桟を固定する。波板のピッチに合わせて桟を取り付ける

ガルバリウム波板を張る。6山おきに、桟が通っている位置に傘クギを打つ。波板同士は2山重ねて張った

ガルバリウム波板を張り終えた状態

オンデュビラタイルの張り方

これがオンデュビラタイル。棟カバー(左)と普通の屋根材(右)がそろっている。色もブラック、グリーン、シェードカラー、テラコッタなど豊富にそろっている。専用のワッシャー付き傘クギも用意されている

やはり野地板の上にタッカーで、ルーフィングを張る。下からつなぎ目を重ねながら張っていく

下から屋根材を張っていく。ビス位置は重ねたところになる。ビスの長さによっては、野地板からビスが飛び出すことがあるので要注意。普通は、下地の垂木にビス位置を合わせる

アスファルトシングルと同様、最初に張る屋根材は、雨流れ対策も兼ねて少しはみ出るぐらいに張っていく

ビス位置は波の上が原則。付属の専用ワッシャーにビスを通して打ち留める

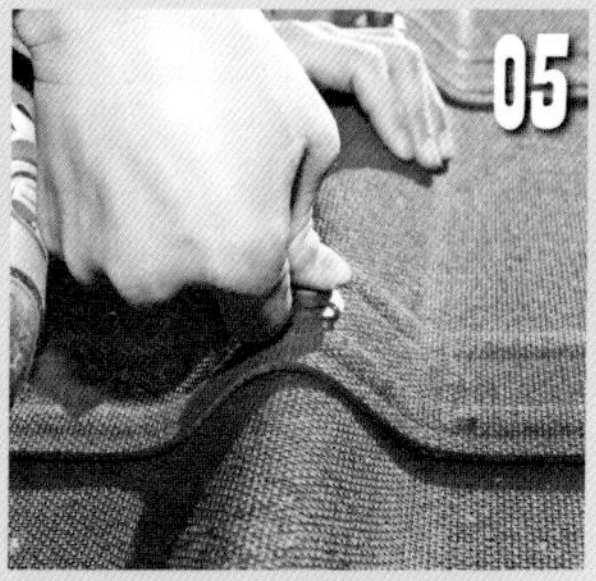

指でフタをしてビス頭を隠す

最後のトップ部分は専用の棟カバーを張る。切妻式の屋根の場合もトップ部分を棟カバーで覆う

屋根材を張り終えた状態

その他の屋根材のいろいろ

カラートタン波板

古くから仮設建物、物置きなどに利用されるカラートタン。亜鉛メッキ鋼板に焼付け塗装したもので、内陸部では、ある程度の耐久性はあるが、端部分が湿気に触れていると錆びてくる。潮風に当たる場所で、恒久的建物の資材とするには向いていない。幅655㎜が規格で、長さ4尺～10尺の規格で製造される。カラーはブルー、グリーン、グレーなどがある

ポリカ波板

対衝撃性の高いポリカーボネイト製の波板。波板系は幅655㎜が規格で、長さが4尺(1尺=約300㎜)、6尺、8尺、10尺というように分けられている。何枚か並べて使うときは、2山ずつ重ねて固定していくのが原則。クリヤー、クリヤーブルー、クリヤーグレー、クリヤーブラウンなどクリヤー以外は半透明となる

オンデュリン・クラシックシート

シェードタイプのアスファルト系屋根材。オンデュビラタイルの大型版で、すばやい施工が可能。940×2000㎜。カラーはレッド、グリーンなど

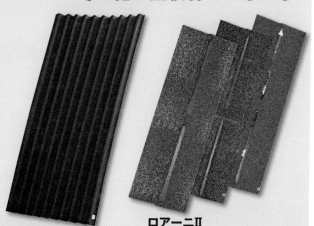

ロアーニⅡ

色味が段階的に変化するグラデーション効果を持たせたアスファルトシングル屋根材。ウッディハウスにファンシーな雰囲気を演出できる。赤・茶、黒・緑、クリーム・茶、黒・グレー、黒・茶

Step 08

外壁を張る

3畳の小屋の外壁の施工手順例

防水紙を張る
▼
壁材を張る
▼
コーナー板を取り付ける

安価なスギ材の下見張りでカントリー調に

2×4工法で建てる小屋の外壁材は、市販のサイディング材も悪くはないが、安価な板材を縦や横に張って仕上げる方法が比較的多く見られる。たとえば、野地板としてホームセンターなどで売っているスギの荒材を壁全体に張り付ければ、カントリー調の雰囲気が楽しめる。張りパターンにもいろいろあるが、ここでは下見張りと呼ばれる、板材を一部重ねながら横に張っていく比較的ポピュラーな例を紹介してみた。なお、12㎜厚のスギ材を使った場合、40～50㎜の細ビスか丸クギで打ち留めることになる。

また、壁材を張り進めていくとき、当然ながら、窓やドアの開口部や桁部分を避けるために、板材を細く割いたり、切り欠いたりする場合もある。これは現物合わせで対応することになる。

また、コーナー部分は、板材の木口を隠し、きれいに化粧するためにコーナー板を張っていくことが多い。

手順例

01 外周りをぐるりと防水紙またはルーフィング（ここではルーフィングを使用）で覆う。タッカーを使って、下から継ぎ目部分を重ねて張っていく。たくさんの人がいると作業性がいい。ここも印刷されている文字やラインを水平にしておくとスギ板を張るとき、基準線になる

02 12㎜厚180㎜幅のスギ板を下見張りで張っていく（別項参照）。まず、一番下端にスターター（幅30㎜くらいのスギ板）を取り付ける

03 スターターの上に重ねて1列目のスギ板を張ったら、自作のジグを使って上に向かって張っていく。スギ板とスギ板の重ね幅は30㎜にした

04 多人数で一緒にやると一挙に進む。50㎜の丸クギで打ち留めていく

05 張り終わった下見張りの外壁。ただしコーナーの仕上がりがまだ

06 コーナーを隠すためにスギ板を直角に組んで…

外壁材の下には防水シート

外壁材の下に張る防水紙は、上記のように屋根材の下に張るルーフィングでもいいが、本来は防水シートと呼ばれるものが一般的。ルーフィングよりも軽くて扱いやすいのと縦横に線が引いてあり、水平に張る目安になる。ルーフィングと同様、タッカーで張り付けていく。

合板の上に防水シートを張った状態。この上に外壁材を張っていく

08 壁張りが終了した

07 コーナーに取り付ける。これでコーナーがきれいになった

下見張りで板材（壁材）を張る手順

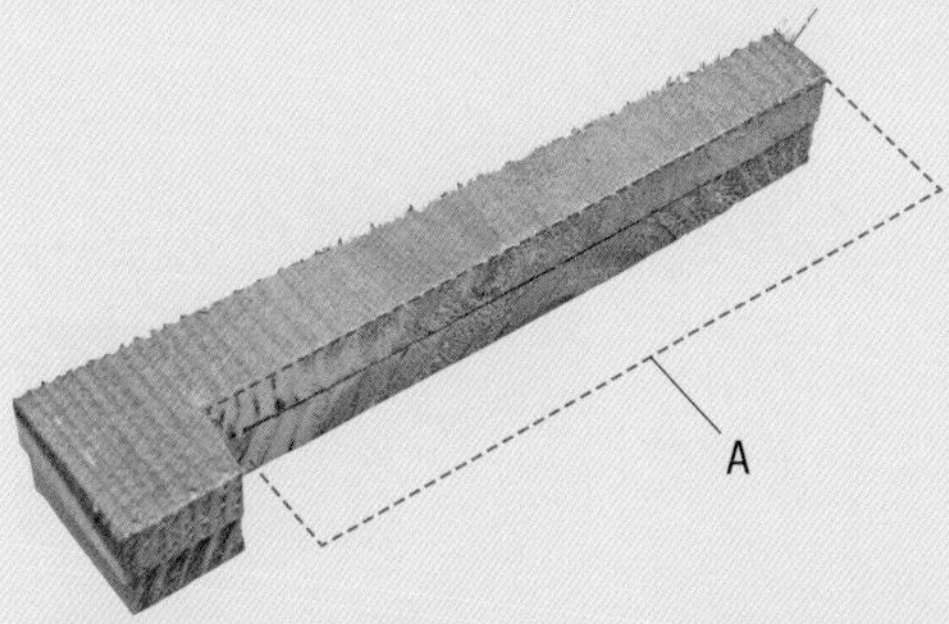

下見張りにおすすめの自作ジグ。Aの長さが1列の外壁材の幅になる。同じものを2枚用意して、板の左右を持ちながらふたりで作業すると早い

01 まずスターター（板材を幅30〜40㎜程度に細く割いたもの）を下端に留める。40㎜程度の細ビスか丸クギで打ち留める

02 手順01のスターターと下端をそろえて1列目の板を張る。やはり40㎜程度の細ビスか丸クギで打ち留める

03 自作ジグの角を1列目の板の下端に引っかけ、2枚目の板を自作ジグの上端に載せた状態で打ち留める。これを板の左右で同時に行なえば、スピーディーに均一な重ね幅で板を張れる。あとはこれを繰り返していけばいい

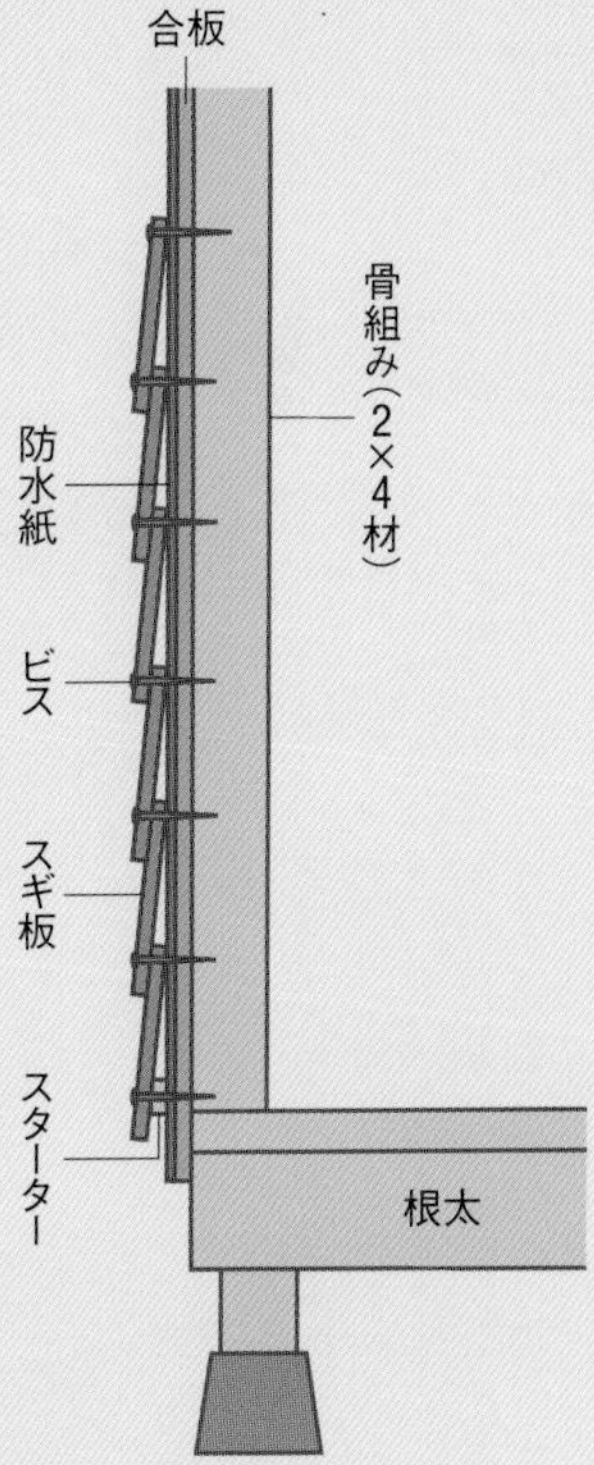

やってみよう! さまざまな外壁パターン

スギ板の縦張りでスマートな外壁に

スギ板の縦張りで仕上げた小屋の外観

合板の上に防水透湿シートを張った状態の壁。ここにスギ板を張っていく

まずスギ板を縦に張っていく。写真の小屋では幅180㎜のスギ板を使用。下地の桟があるところがビスを打ち込むポイント

スギ板を30㎜幅に割いたものを用意

細く割いたスギ材で、手順02で張ったスギ板の縦目地をふさいでいく。これで雨が染み込むのを防ぐ

ガルバリウム波板の壁張り

壁にガルバリウム波板を張る。カットの必要がある場合は、金属用のチップをつけた丸ノコやスチールカッターを使用

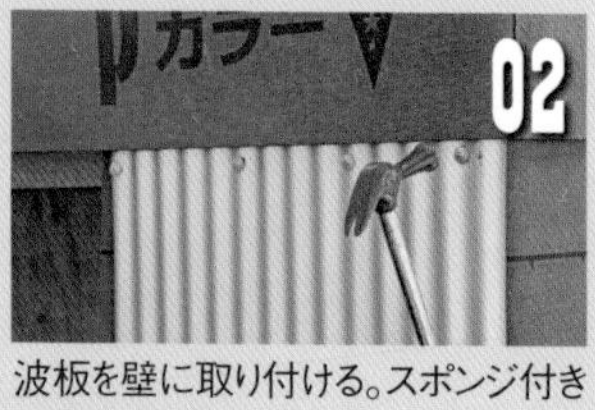

波板を壁に取り付ける。スポンジ付きの傘クギを使い、4～5山おきに打つ

波板用のドブメッキ傘クギを使用

波板同士は2山重ねて張る。下にはみ出したルーフィングはあとからカッターで切り取る

コーナーにコーナー板を固定

続けて、正面と側面のトリミングボードを固定

メタリックな外観がクールな、ガルバリウム壁の小屋ができあがった

Step 09 床張り&内張りをする

3畳の小屋の床張り&内張りの施工手順例

床材を張る ▶ 内張りする ▶ （必要なら）幅木を取り付ける

工房ユースなら内張り不要も…

一般的な家の床は、フローリングと呼ばれる床張りをするというのが普通だが、手作りの小さな小屋の場合はもっと自由な選択があっていい。極端な話、Ｓｔｅｐ08の状態、つまり合板の土台がむきだしのままでもかまわない。工房や物置にして土足で上がる場合などは、もう1枚、厚めの合板を張ったり、足場板を張ったりして、強度を高めてもいい。もうちょっときれいな床にしたければ、市販のフローリング材を張ってもいいし、1×材や12㎜厚のスギ板を張ってもいい。なお、床材の打ち留めはフロアクギが好ましいが、50㎜程度の細ビスを使用してもいい。大切なことは、ビス頭やクギ頭が飛び出して引っかかることのないようにすることだ。

また、内壁も工房や物置程度なら、内張りをしないケースもある。必要に応じて棚を作ったり、壁材を張ればいい。もし、住むことや過ごすことを考えるならば、断熱材を入れ、適当な壁材を張っていこう。薄めの板材を張ったり、合板を張って壁紙を張ったり、好みに応じて内装を楽しみたい。

なお、床材と内壁を張ったあと、フローリングされた部屋の内壁の一番下端に「幅木」と呼ばれる50～60㎜幅の板を取り付けて、見栄えをよくしてもいい。

手順例

01 奥から床材（12㎜厚のスギ板）を張り始める。すき間なく、50㎜のフロアクギで根太の位置に沿って打ち留めていく。本来、フロアクギは木製のフローリング材の木端から斜めに打ち込んでクギ頭を隠して打ち留めるものだが、ここではスギ板の上から極力ビス頭が見えなくなるように強く打ち留めている

02 床材が張り終わった。最後の列の幅は現物合わせで調整してカットしてある。なお、パネルの立ち上げのときに残しておいたドアの開口部の下の枠板はこの段階でカットしてある

内壁の仕上げに使われる壁紙。資材として呼ばれるときはクロスと呼ばれることも多い。ビニールや紙、布、高級なものでは絹布に本物の刺繍をしたものもある。裏面に専用の糊を塗り壁に張り巡らして仕上げる。あらかじめ裏に専用糊が塗られた製品もある。壁にしわなくぴったり張るには専用の道具と、それなりの技術も必要になる。写真のものは幅930㎜で1mごとの切り売りとなる

床板に味のある足場板を使っている例。使い古されてきた汚れや傷などの質感が、落ち着いた雰囲気の空間を作るのにひと役買っている

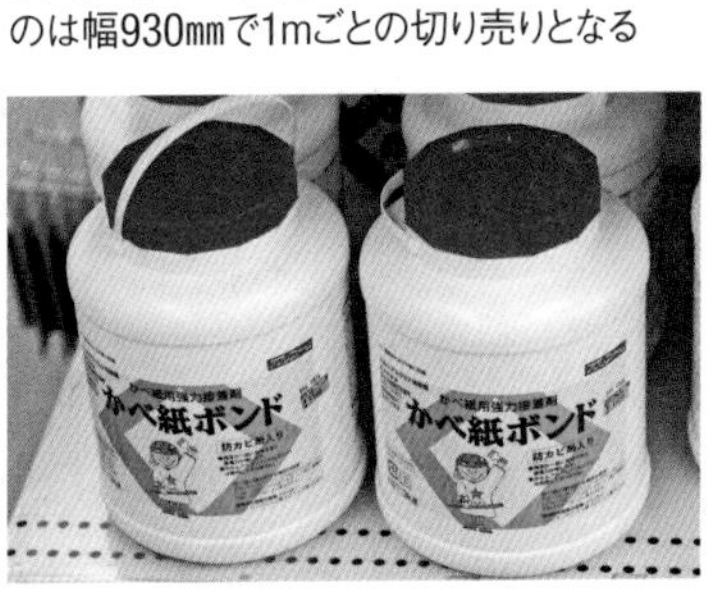

壁紙ボンド。壁紙張り専用の接着剤。室内壁なので低ホルムアルデヒド、防カビ剤配合に調整されている。写真のもので1缶3kg入り

OSB合板がむき出しのまま。有孔板を一部に張り、工房のハンギング収納としている例

今回の3畳の小屋の事例では、内張りをしていない。このままでベッドと机を持ち込み、庭先の子供部屋としている

床材のいろいろ

コルクシート
天然コルクの樹皮をシート状に加工したもの。軽く、軟らかく、加工しやすく、汚れも落としやすいので、特に子供部屋の床や壁仕上げ材として使われることが多い。いろいろな厚さで販売されるが、写真のものは4×610×1000㎜ごとの切り売りとなる

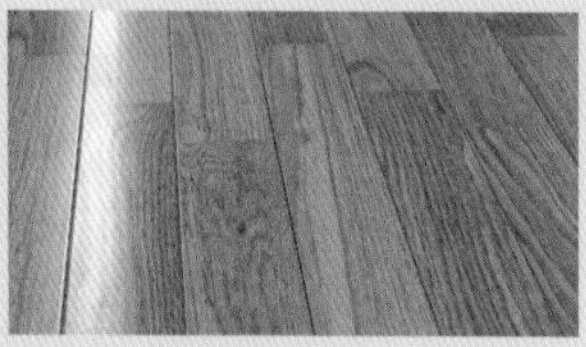

積層フローリング
住宅に使われるフローリングの中でもっとも一般的なタイプ。合板などの積層材の上に厚さ3〜5㎜の固く、きれいな木肌の木材を張り、強度の高い塗装をして生産される。坪単位での販売が多い

竹フローリング
竹を平らに製材して積層したフローリング材。竹ならではのパターンによる模様は和風にも洋風にもフィットする

無垢フローリング
合板状に積層されていない無垢材のフローリング（写真はチーク）。無垢材ならではの落ち着いた高級感が魅力。坪単位で販売されることが多い

クッションフロア
表面がビニールで、踏み心地の柔らかなプラスチックフォームを裏打ちしたシート状の床仕上げ材。表面にはフローリングをはじめさまざまな床のパターンがプリントされ、価格も手頃。施工は専用の両面テープを使えば、DIYでも比較的簡単に施工できる。耐水性が高いので、キッチン、トイレの床仕上げで多く使われている。写真のものは1.3×910×1000㎜ごとの切り売り

防炎タイルカーペット
厚さ8㎜のポリプロピレンカーペットが50㎝角のタイル状に加工された製品。裏面に吸着加工されているので、フローリングの上に置くだけで固定できる。上面はポリプロピレンのカーペットなので歩き心地もいい。部屋のフローリングに敷き詰めるだけで施工できるので、DIYでも簡単な部屋の模様替えが可能。写真のような柄物のほか単色のモデルもある。防炎のほか、遮音、防ダニされている

Pタイル
複層ビニール床タイル。塩ビを原料にした床タイル材。専用の接着剤を使い、コンクリートの土間などに張って床の仕上げとすることが多い。カッターで切れるので、部屋の隅部分での寸法の修正も簡単。クールな黒、白といったタイプや、自然石（大理石）の模様のものなど、バリエーションもいろいろ。写真は2×300×300㎜

PVCフロアー
柔軟性のあるポリ塩化ビニールに、エイジング塗装された床板がプリントされたフロアー材。接着剤で床に張り込めば、簡単にアンティークな雰囲気を作り出せる。写真のPVCフロアーは3×184×950㎜。フローリング用接着剤で固定する

防音直張り床材
塗装済み複合フローリング材の裏面に、あらかじめ防音ラバーが張られたモデル。3列が1セットになっている。1セットの寸法は13×184×900㎜

断熱材のいろいろ

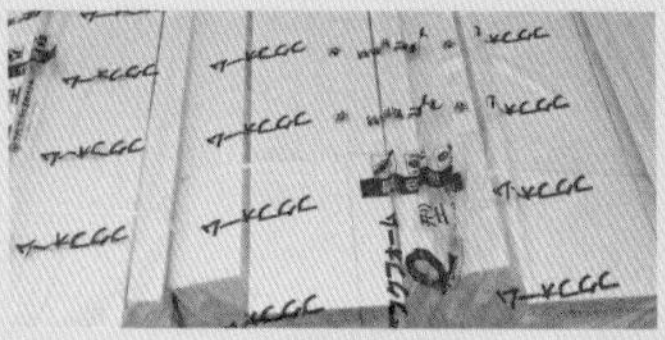

フクフォーム2型
1尺ピッチの根太の間にぴったり収まるように作られたポリスチレン製床下断熱材。ポリスチレン製品は軽く、カッターでも簡単に切れて取り扱いも簡単。炎を遠ざけると自然に火が消える自己消火性も持たせてある。写真の製品は45×260×910㎜で、ひと袋に2坪分入り

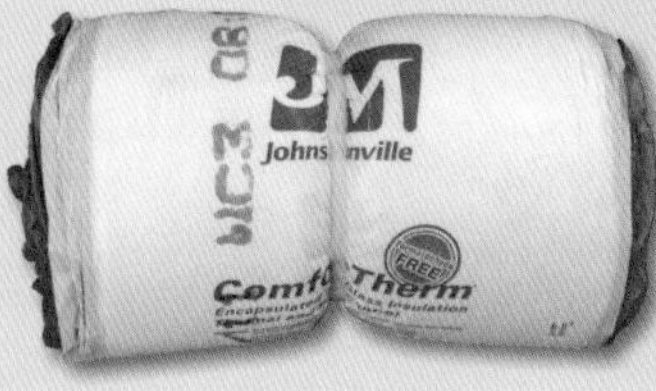

グラスウール断熱材
グラスウールは細く、短いガラス繊維で、綿状になっているもの。不燃材なので耐火、防火にも効果がある。写真の製品は細長い袋にグラスウールが詰められたもので、袋ごと壁内の間柱の間などに固定するタイプ。写真は丸めた状態。一袋は89×406×2438㎜

発泡スチロール（EPS 断熱材）
軽く切断成形も簡単で高い断熱効果が得られる。床、壁の内部構造に合わせて切り分けて使う。天井裏の断熱にも使える。写真はサブロクサイズ、厚さ20㎜のタイプ。サイズはサブロクが標準で厚さ15㎜、25㎜、30㎜などがある

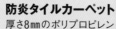

Step 10

窓とドアを製作して、取り付ける

3畳の小屋の窓とドアの製作&取り付けの手順例

窓&ドアの開口部の枠板をはめる
▼
窓&ドアの外周りにトリミングボードを取り付ける
▼
窓&ドアの枠板を加工する
▼
アクリル板をはめ込んで組み立てる
▼
縦板（スギ板）を取り付ける（ドア）
▼
金具を取り付ける（蝶番、ストッパーetc.）
▼
小屋へ取り付ける
▼
戸当たりを取り付ける

ビギナーでも可能な木工建具

建具の製作は、木工の中でも高度な技術が要求されるので、この部分だけはプロに依頼するという方法もあるが、できればＤＩＹでの製作に挑戦してもらいたい。小さな小屋作りなら、簡単な木工だけでも、安上がりでいい雰囲気の建具を作ることができるし、やってみると製作そのものはとてもシンプルだということがわかる。ただし、正確に作らないと小屋に取り付けるときにゆるすぎたり、きつすぎたり、開かなくなったりというトラブルが出やすい。

ここでは、３畳の小屋作りで製作した、２×材や５㎜幅の透明なアクリル板、スギ板を使った建具作りの実践手順を紹介してみよう。特別な工具を使わない方法だが、丸ノコによる切り欠きや溝作り、隠しクギなど、やや高度な技術が要求されるので、中級者向けの建具と言っていいだろう。もちろん、ビギナーでも十分に試す価値のある建具でもある。採光をあきらめ、アクリル板を使わず、木工だけで作るならばより簡単にできるはずだ。

2×材を縦組みにし、枠板と横桟をつけたシンプルなドア

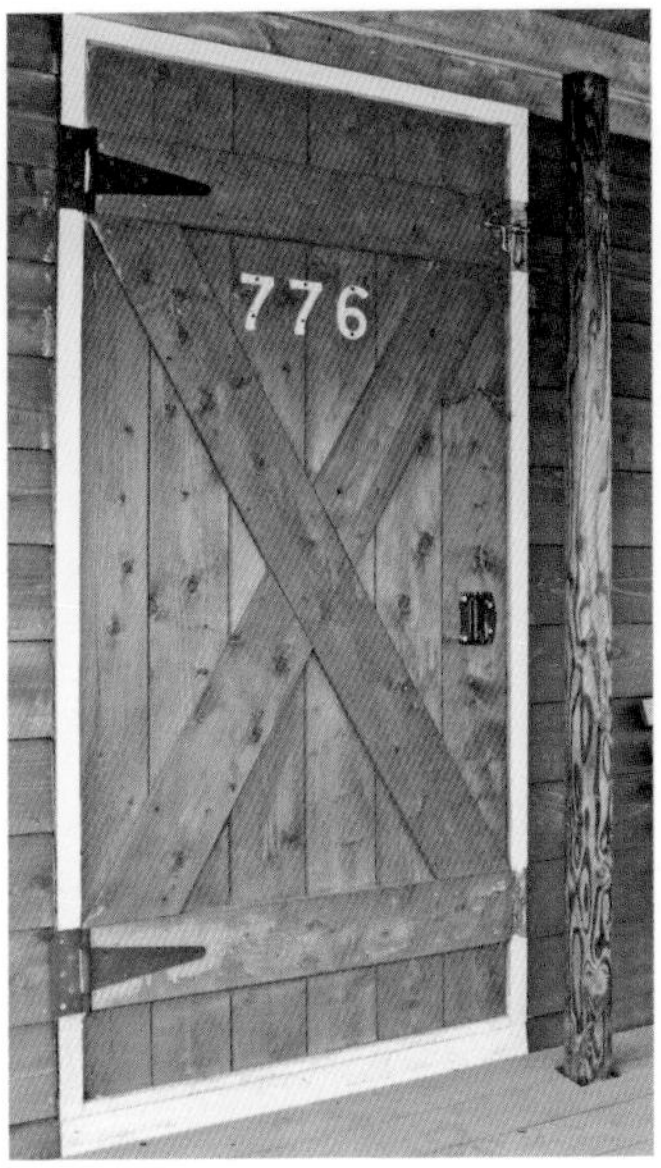

2×材を縦に組み、クロスのアクセントをつけたドア。ビギナー向け

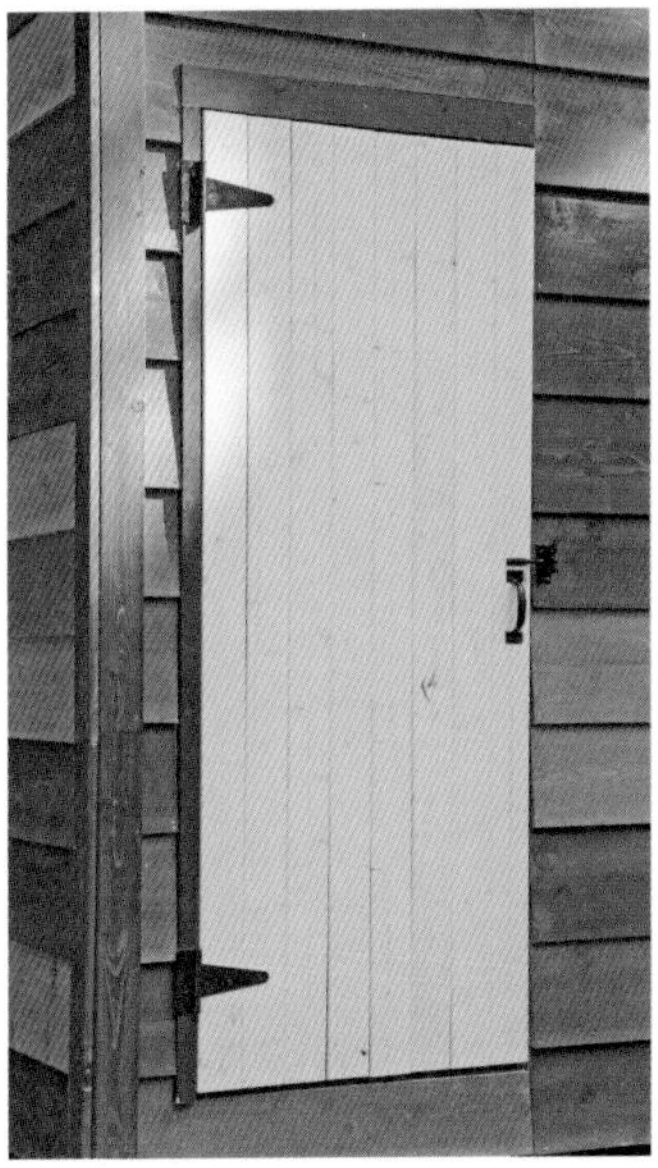

1×4材を8枚並べたシンプルなドア。裏面に3本の横桟を留めてある。すき間をしっかりふさぎたければ、 相じゃくり加工の材を使うこと

2×材を縦組みにし、横桟を3本つけ、上下の木口に垂木（30×40㎜角）をつけただけのドア。ビギナー向けのシンプルなドア

下開きのアクリル付き・片開き窓の製作と取り付け

窓の開口部に枠板（2×6材）をはめ込んでビス留めする。枠板は上下&左右に

窓の外周りを化粧するためにトリミングボード（1×4材）を取り付ける。外壁材に打ち留めるので50㎜の丸クギを使う

必要な長さにカットした窓枠の板をクランプでしっかり固定し、平行定規をセットし、丸ノコで、アクリル板が収まる溝を作る。丸ノコの刃は薄いので、4度ほど繰り返して5㎜幅にする。溝の深さは15㎜に

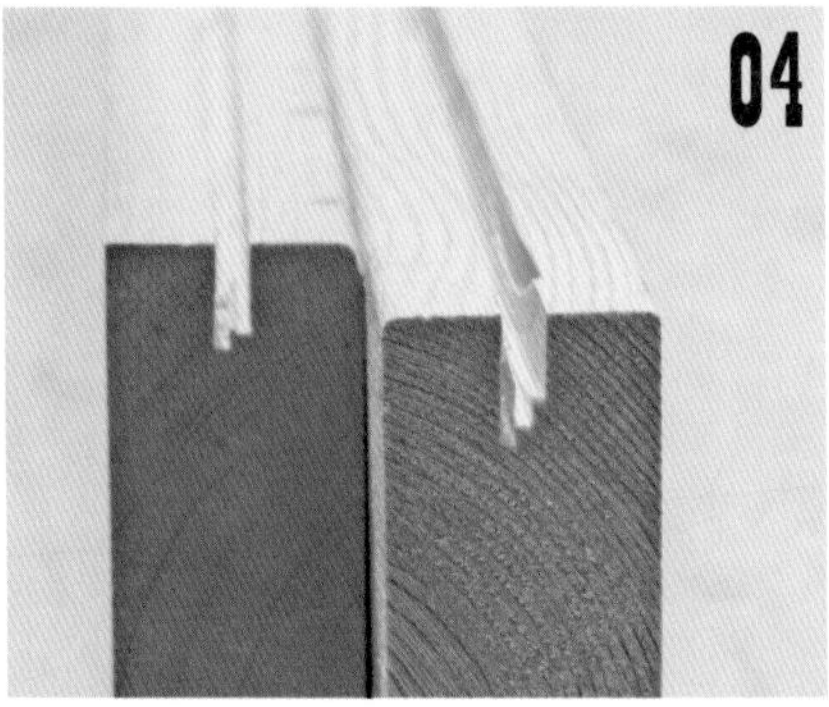

こんな溝が掘れた

窓枠の切り欠き部分をノコギリでカット（図参照）

ノミで切り欠き部分を平らにする

窓枠の接合は90㎜のビスで行なうが、材の幅が厚く、長さが足りないので、12㎜径のドリル刃で30㎜ほど深く穴をあけておき、この穴からビスを打ち込む。写真はドリルで穴をあけているところ（座掘り加工）

窓枠の加工が終了

サイズどおりにカットしたアクリル板をはめ込み、窓枠を接合する

90㎜ビスを穴に差し込み、締め込んで固定

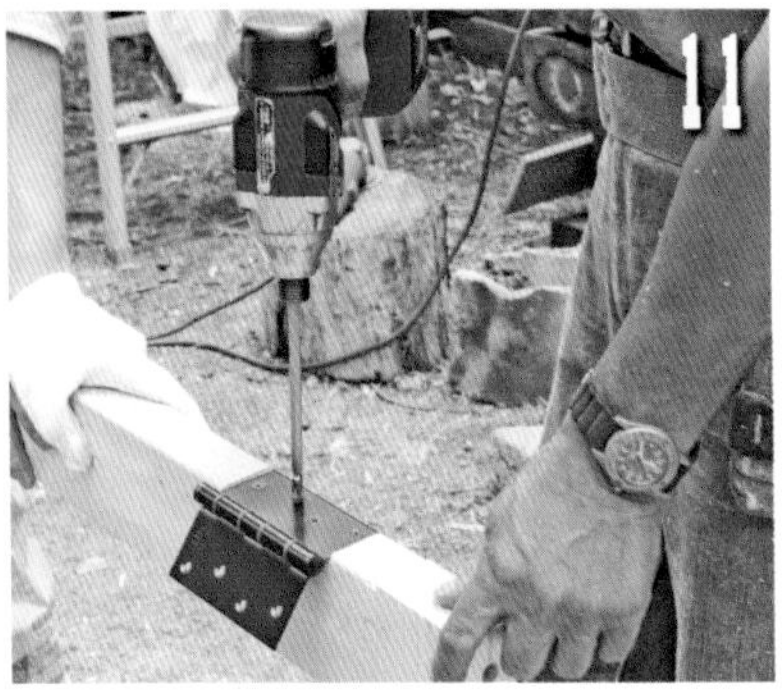

蝶番を取り付ける

窓の分解図

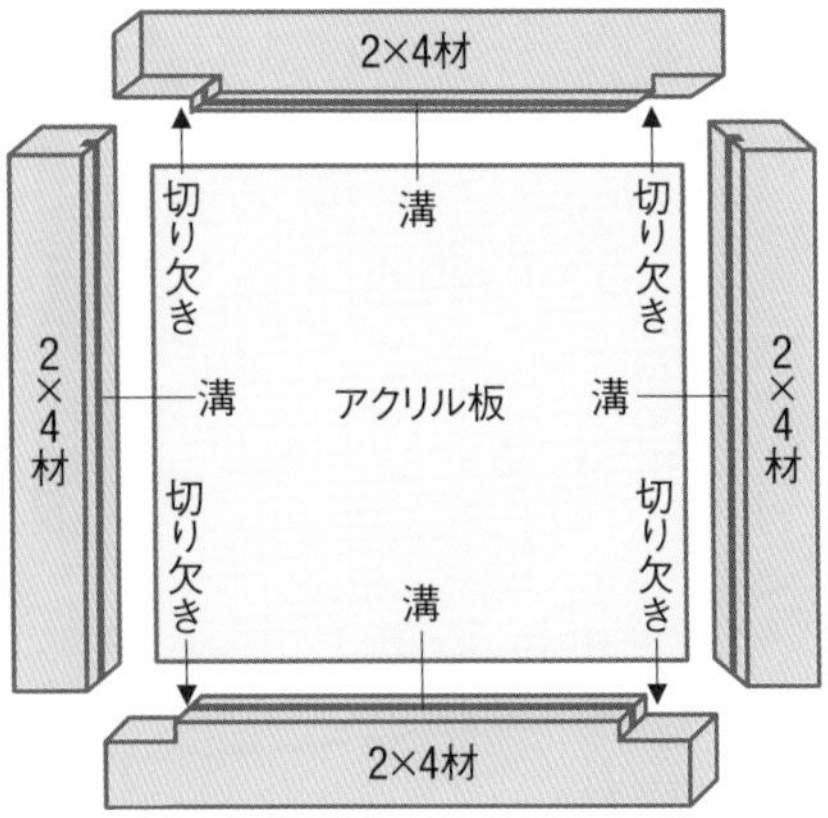

開口部の枠板に蝶番を取り付けて窓を接合。窓は下開きとなる

開口部の枠板に戸当たりを取り付ける

丸落とし（ストッパー）を取り付ける

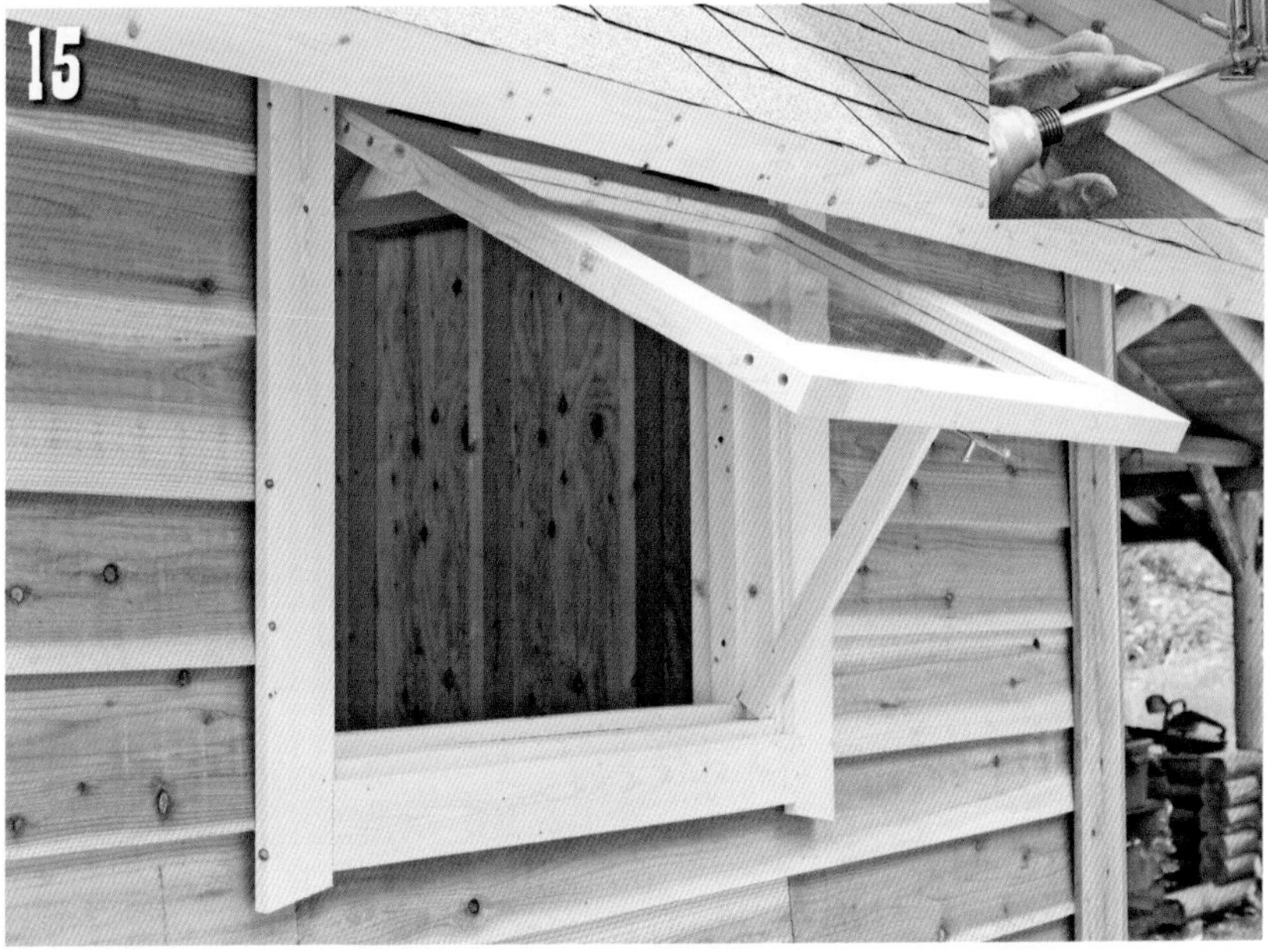

つっかい棒をあてがって開口する

片開き窓の取り付けの手順

モデルケースの場合と同様の手順で、アクリル板をはめ込んだ窓を作る

開口部の枠板(2×4材)を留め、窓を蝶番でつなぐ。窓枠は開口部全体に留めてもいいが、蝶番を留める部分だけにしてシンプルに仕上げてもいい

窓の内側に「丸落とし」を留める

窓に「アオリ止め」を留める。ペンチでつかんでねじ込む

外壁に「アオリ止め」の受けを留めれば、窓を開けた状態で保持できる

内側に「戸当たり（1×1材）」をつけ、窓のすき間をふさぐ

片開きドアの完成

アクリル付き・片開きドアの製作と取り付け

窓と同様、ドアの開口部にも枠板（2×6材）を取り付ける。ただし、下枠はつけない

ドアの開口部の外周りにもトリミングボード（1×4材）を取り付ける。窓の場合と同様に両側の縦板を少し長めにしているのはデザイン的な効果を狙ったもの

ドアに使う材（2×6材）の段つき加工や、溝掘り加工、切り欠き加工をする。溝加工、切り欠き加工は窓の加工と同じ。写真では平行定規をつけた丸ノコで段つき加工を行なっている

ドアに使う2×材の加工が終了。ビス留めのための穴あけ加工も見える

このように組まれることになる。上は5㎜厚のアクリル板、下は12㎜厚のスギ板を縦に組み込む（図参照）

アクリル板をはめ込んで固定する

スギ板を取り付ける

蝶番を取り付けて、ドアが完成した。あとは小屋への取り付けだ

人数がいる場合、ドアを持ち上げてもらっている状態で蝶番接合ができる

ドアの分解図

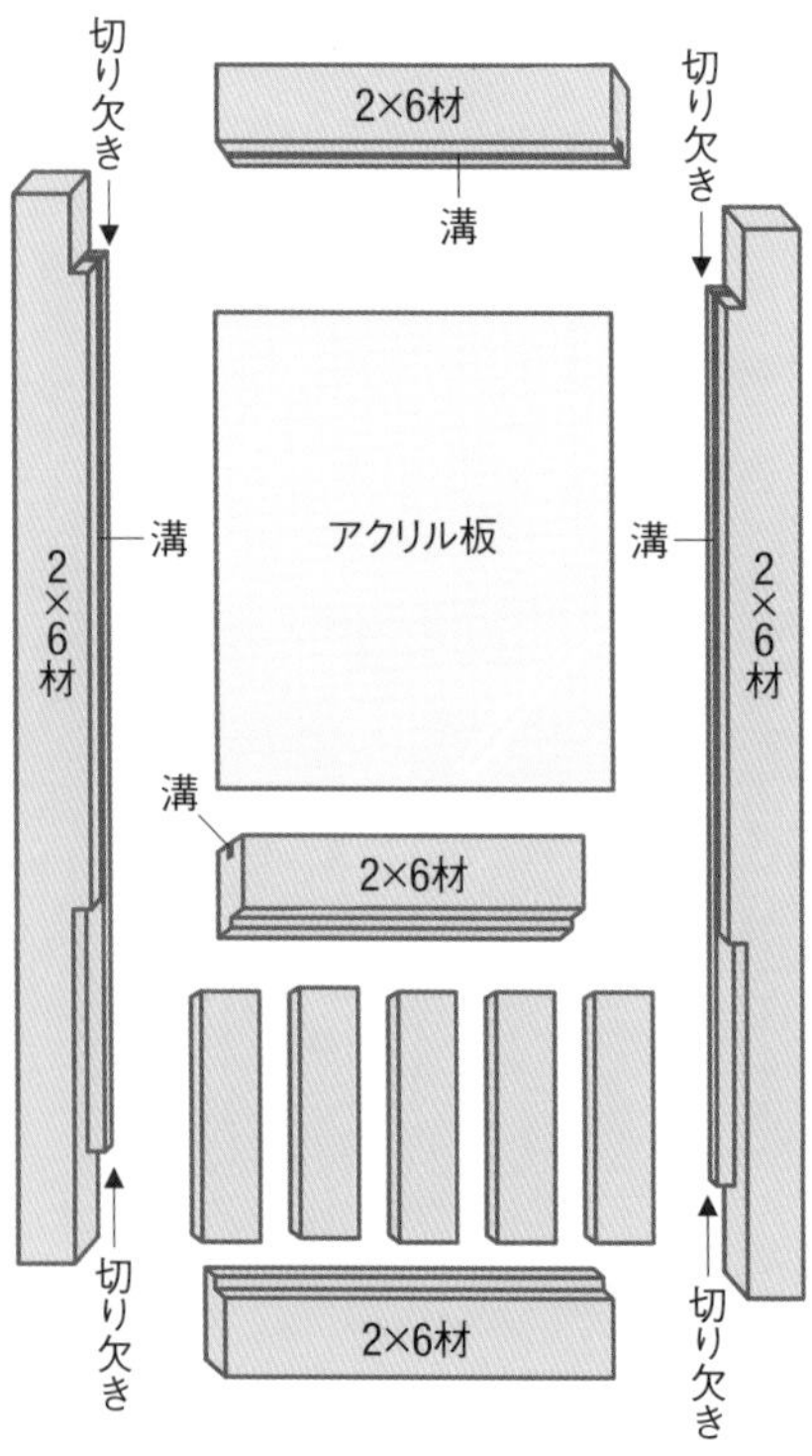

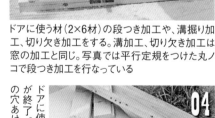

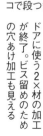

窓&ドアが取り付けられた

取っ手は曲がった自然木で作った

ドアがついた状態で、現物合わせして墨線を引き、すき間をふさぐための板を取り付ける

ラッチを取り付ける

シンプルドアの製作と取り付けの手順

2×4材を並べてドアを作る。すき間なく並べて打ち留めるために、端材を利用したクランプを利用する

しっかりと並べた状態で材の木口を隠すように上下に留め材（2×4材を細く割いた材）を取り付ける

上下2ヵ所に横桟を取り付ける

横桟に蝶番を取り付ける

もっともシンプルなドアが完成。これを開口部に取り付ける

ドアの下にクサビを挟んで、位置を調整しながら、蝶番を枠板につなぎ、ドアを取り付ける

ラッチや自然木を利用した取っ手をつけてドアの取り付けが完成

小屋の建具に使う金具のいろいろ

ラッチ・掛け金・落とし

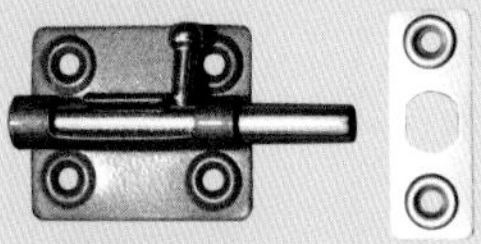

使ったのはストレートヌリラッチと呼ばれる、塗装済みの落とし

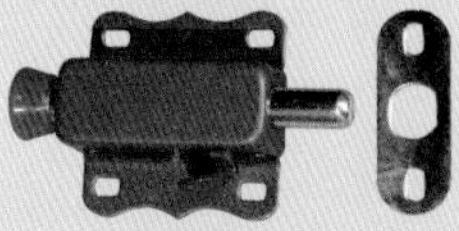

ストレートオートヌリラッチ。ワンタッチでロックが解除できる。ヌリとは塗装済みだということを表す

オーソドックスな形状のラッチ。つまみをスライドさせてロックするタイプ

ダム掛け金と呼ばれる帯状タイプの掛け金。南京錠をかけることでロックできる。さらに取り付けるビスが帯の下に隠れるので、防犯上も有利

帯金具。掛け金の一種で、古くから倉庫の金具として使われてきた。取り付け方はダム掛け金と同じ。カラーも豊富

丸落とし。落としのバリエーションのひとつで、よりシンプルな形状。犬小屋や物入れの扉などの簡易的なロックに使える

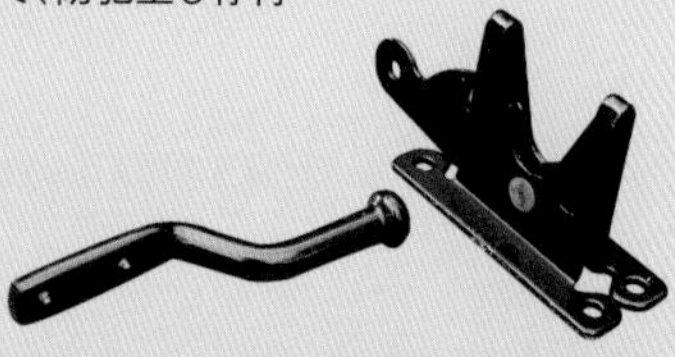

オートキャッチラッチ。物置のドアにちょうどいい。閉めると自動的にロックがかかる

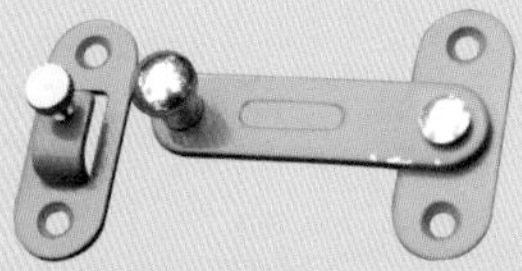

打ち掛け型と呼ばれるタイプの掛け金。完璧にロックすることはできない

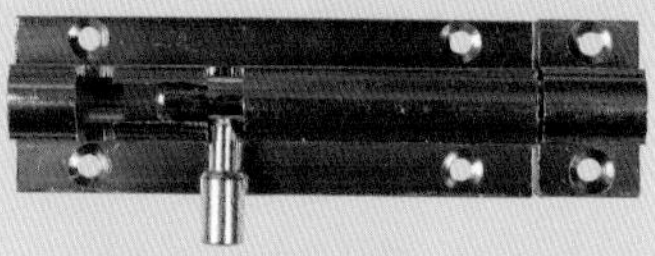

一般的なタイプの落とし。このキャッチは水平に取り付けるタイプ

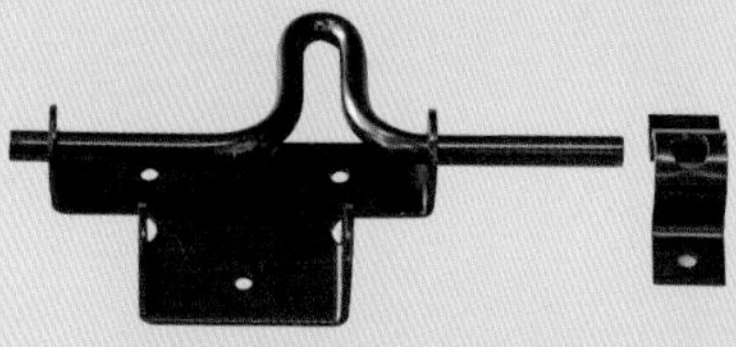

ゲートラッチ。鉄棒が折れ曲がっているのが特徴。ガーデンゲートなどにも使える

蝶番

ヘビーT蝶番。小屋にフィットする黒いエクステリア向き平蝶番。片方の羽根が三角形に飛び出した帯状になって、クラシカルな雰囲気を演出する。大中小の3サイズ

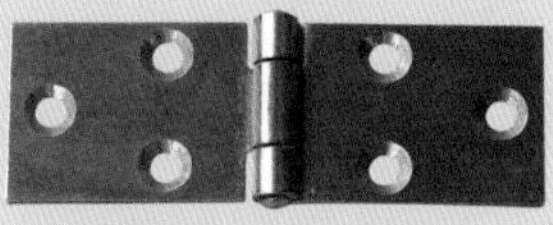

鉄横蝶番。普通の平蝶番の羽根の長さを半分にしたデザインの平蝶番。強度があるので、普通の平蝶番が使えない狭い部分などに使いやすい。下開きの窓などにも使えそう

ステンレス平蝶番。ドアに使われるもっとも一般的な蝶番。厚さの分だけ切り欠きをするとすき間なく取り付けられる

その他

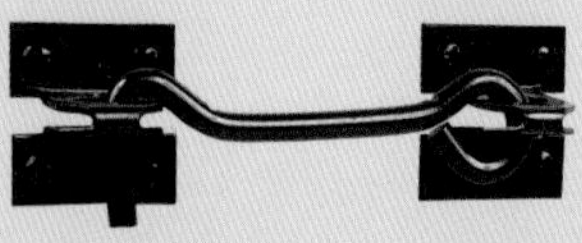

フックがより太めで、受けも強固なアオリ止めもある

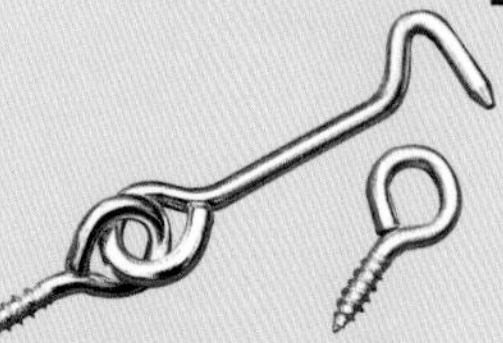

もっともシンプルで一般的なタイプのアオリ止め（真ちゅう製）。値段も安くコストパフォーマンスがよい

大型取っ手アンティーク風。カントリー調の鉄製の取っ手

ゲートハンドル。ドアで使用するプラスチック製の取っ手

マグネットキャッチ。小屋のドアなどをカチッと閉めるときに便利

Step 11

塗装する

木目を生かすならステイン

外部塗装は防腐防虫のためにもぜひともやっておきたい。とくに柔らかいスギ板の荒材やSPFの2×材などを壁材にした場合は必須作業と言っていいだろう。

屋外木部用の代表的な塗料には表面に塗膜を作るペンキと木部に染み込んで材を保護するステインと呼ばれるタイプがある。また、両者はそれぞれ油性と水性が用意されていることが多い。材の表面をきれいに塗りつぶし、好きな色を楽しむならペンキ、木目を生かし、ナチュラルな風合いを楽しむならステインという選択がいいかもしれない。

なお、荒材のスギ板のように塗料がのりにくい材の場合は、下塗り→仕上げ塗りとできれば2度の塗装が好ましい。

また、塗装作業は、いい作業環境をつくることが大切。作業場所に養生シートを広げ、地面や植物が傷まないようにしたり、自身も汚れてもかまわない格好で作業しよう。できれば強い風の吹かない、湿気が少ない、好天の日を選びたい。

小屋作りの木工作業が終了した状態。これでも十分魅力的だが、無塗装では防腐・防虫・防水に難がある。そこで…

ステインで塗装。枕木を階段代わりに置き、周囲を花や木彫品で演出すると見違えるほど素敵な小屋が出現する。これで完成。手作りとは思えないすばらしい小屋ができた!

76
GULF
T&S·GARAGE.2011.
Jeep

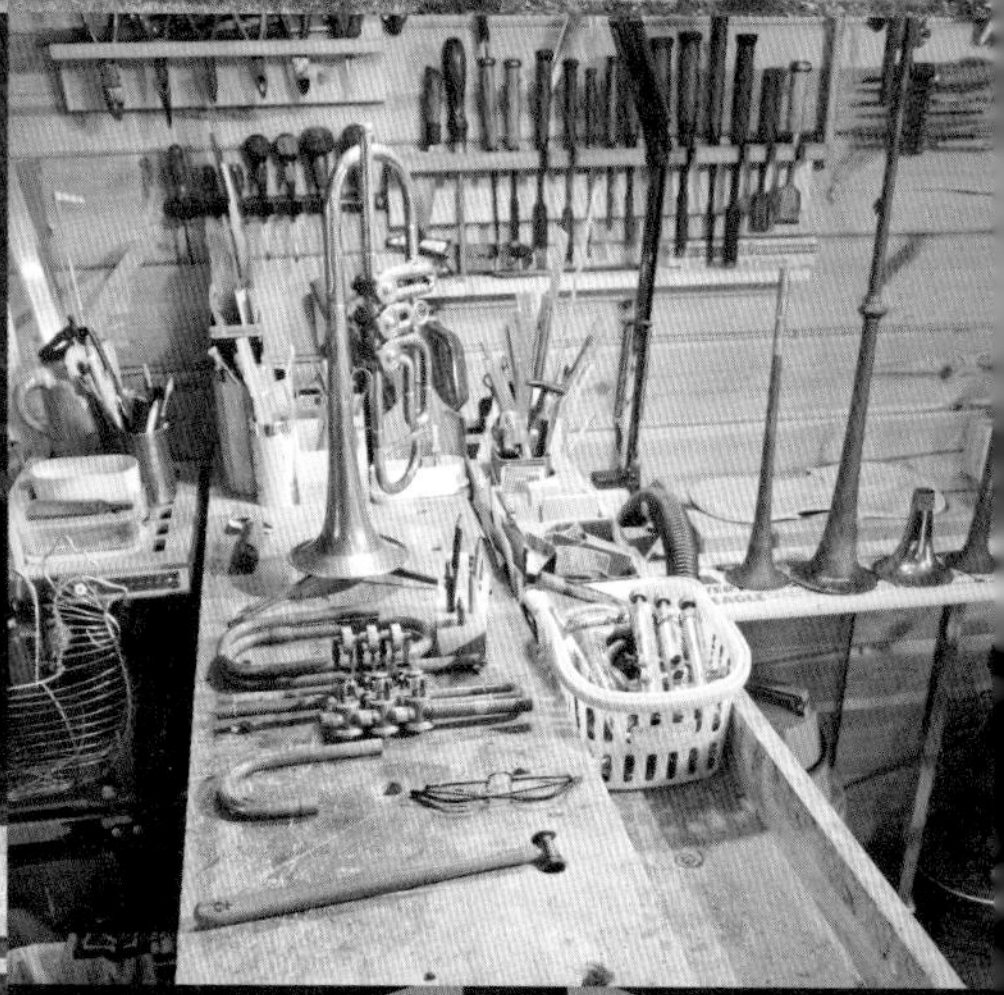

Part 2

手作り小屋実例集

セルフビルドで作られた個性豊かな16の小屋。物置や菜園小屋として実用的に使われているもの。工房、ガレージ、アトリエなど趣味に活用されているもの。ピザ窯や囲炉裏を備え、仲間とワイワイできるもの。母屋ではできないさまざまなことを小屋でならできる。すべてを見終えたら小屋を作りたい気持ちでいっぱいになっていることだろう。

DIYer's Tiny House Collection

ガーデニング用品などを収納するためにDIY

絵本に出てきそうなかわいらしい小屋は収納力抜群の物置

写真◎高島宏幸

File 01 オリジナル

千葉県勝浦市
山本邸

木工からアイアンDIYまで楽しむ超DIY大好き人の山本八郎さん。DIYの作業場所として、ガレージを利用しようと思い立つ。しかし、ガレージは電動工具だけじゃなくガーデングッズ、DIYカスタマイズしたバイクなど物であふれていた。

作業スペースを確保するため、荷物を移す物置を製作することにした。施工場所は庭の隅に作ったカヤック置場。すでにコンクリートが打設されており、物置に最適と思ったそうだ。

コンクリートブロックで布基礎を作り、そこに2×4工法で小屋を建てた。資材はウッドデッキ作りで余った材や工務店を経営している友人からもらったものを主に使用。「設計図を描かずに急ごしらえで作ったので、出来がいいとは言えない」と山本さんは言うが、物置という言葉が似合わない愛らしい外観の小屋をDIY！　窓やドア枠のグレーに外壁のブルーがマッチしているし、観音開きドアのステンドグラスもかわいい。

外観とは逆に内部は超機能的。間柱利用の作り付けの棚、トラス部分を使った棚など小屋の構造を生かした収納を製作している。

小屋は庭のアクセントになり、物置として申し分なし。さらにガレージに作業場が誕生と、山本さんも大満足のDIYになった。

ものがぎっしりと収納された物置。間柱に取り付けた棚板に2×6材を使用。幅広なので大きなパッケージのものも置ける

奥さんが手作りしたステンドグラスがアクセントの観音開きドア

鍵の形をしたカンヌキでドアを閉める

コンクリートブロックの布基礎に石を張って、石積み風の基礎に見せている

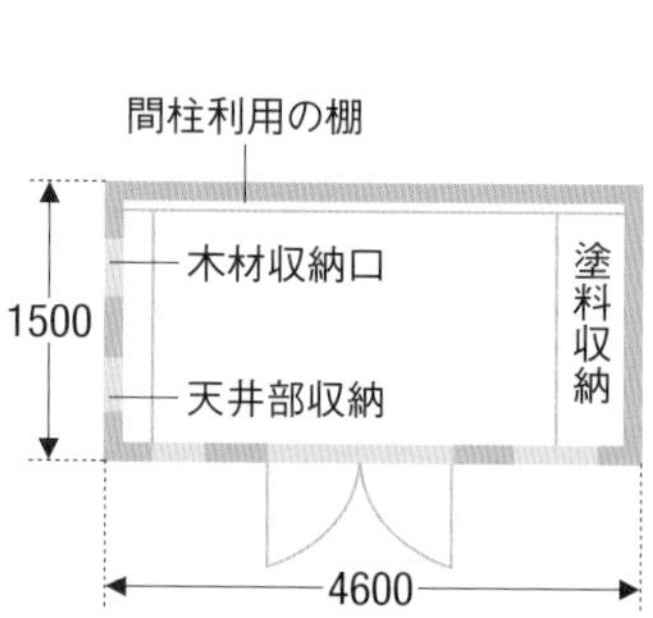

山本さんの小屋上面図
＊単位は㎜

庭の隅に建てられたガーデンシェッド。ブルーの外壁とドアや窓枠のグレーの配色がマッチしている

［製作者DATA］
山本八郎さん（65歳）
DIY歴40年

［小屋DATA］
製作日数…2週間
製作費用…8万円
延べ床面積…約9㎡
工法………2×4工法
基礎………布基礎
外壁………スギ板、サイディングの端材
床…………コンクリート土間
屋根材……アスファルトシングル

山本さんのガレージ。現在は主にアイアンワークを楽しんでいる

側面に作った長尺物の木材専用の出し入れ口

畑仕事やガーデニングの途中に土足のままで入れる

ピザ窯ライフを満喫するために DIYした掘っ立て小屋

写真◎ドゥーパ！編集部

「店で売ってるピザじゃなくて、家の窯で焼いたピザを食べてみたいよね～」と家族が言い出した。では望みを叶えてやろうじゃないかと窯作りに着手した軽部修さん。いざ始めてみると想像以上に手間がかかって大変だったが、途中でやめるわけにもいかず、週末を費やすこと3カ月、ついに念願のピザ窯を完成させた。以来、月に2回ほどのペースで使っているというから、このピザ窯、軽部家のライフスタイルを変えたと言っても過言ではない。週末、草刈りや畑仕事のあとに窯焼きピザとビールで疲れた体を癒やすのが最高なのだとか。

ところで、ピザ窯ができてから2年以上、使わないときはブルーシートをかけて雨から保護していた。それも無粋だし、毎度面倒だから、屋根をつけようと構想を練るうちに、ひらめいたのが小屋作り。ピザ窯を囲いつつ、ちょっとした作業スペースもある小屋を作ってしまおうと思い至っ

File 02 オリジナル
神奈川県横須賀市
軽部邸

Part 2
DIYer's Tiny House Collection
手作り小屋実例集

1～2時間かけて薪をガンガン燃やし、ピザ窯を暖めたら、5～6分でピザが焼けるそう

市街地からそう離れてはいないが、緑豊かな丘の上にある軽部邸。周囲の風景にグリーンの壁のピザ窯小屋がなじんでいる

た。

まずはピザ窯を隅に配置するように、掘っ立て柱を6本立ててみた。現場合わせの作業だ。図面はなく、続いて柱の間に梁を渡し、その上に束柱を立て、棟木を渡して骨組みを作った。棟木から桁へと垂木をかけ、その上に野地板を張り、波板を張って屋根が完成。その後の壁張りは、奥さんの孝子さんと大学生の次男も加わって仕上げた。用事のない週末を利用して、コツコツと作業すること7カ月。ピザ窯ライフをより快適にしてくれる小屋が完成した。

床はなく地面がむき出しだったり、壁に張ったスギ板が時間とともに乾燥してやせ、すき間ができていたりとラフな作りだが、それが逆にいい味を出している。寝泊まりする小屋ではないから、機能的にはこれで十分。畑仕事やガーデニングの途中に土足のまま気軽に出入りできて、むしろ使い勝手は良好なのだ。

2×4材との接合部は丸太を切り欠いて収めている

窓際に作業台を設けた。壁には手作りのピザピールなどが掛かる

室内にはピザ窯のほかに、ホームセンターで購入した薪ストーブを装備。ストーブはダッチオーブン料理などに使う。ピザ窯の土台はコンクリートブロックを3段積み、白く塗装した合板で化粧している

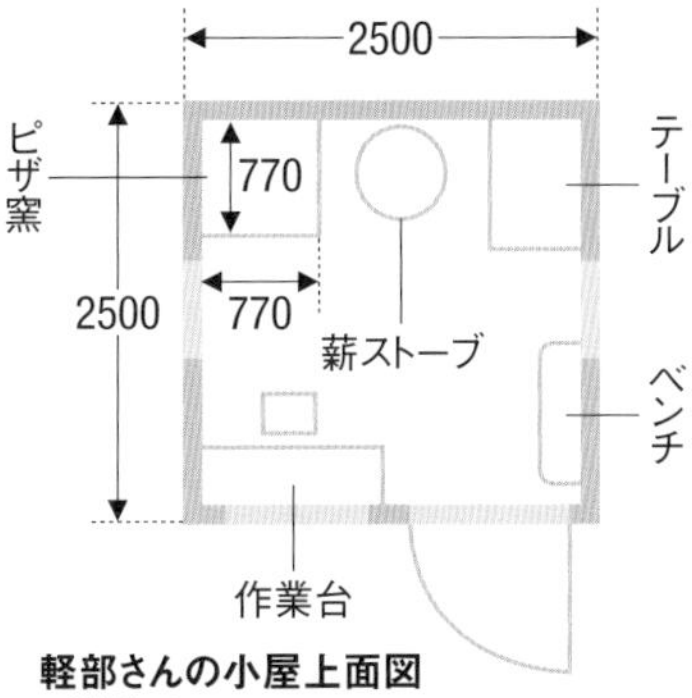

軽部さんの小屋上面図
＊単位はmm

[製作者DATA]
軽部 修さん(64歳)
DIY歴5年

[小屋DATA]
製作日数…約7カ月(ピザ窯別)
製作費用…約7万円(ピザ窯別)
延べ床面積…約6.2㎡
工法………軸組み工法
基礎………掘っ立て
外壁………スギ板
床…………土間
屋根材……塩ビ波板

柱は、樹木の支えに使っていた古丸太。直径は100mm程度。地中500mmほど埋めてある

古丸太をカスガイなどで接合して骨組みを作っている。棟木の下側はチェンソーで平らにならしたそう

ドアは2×4材や1×4材で作った

外壁の下端にレンガ調の花壇ブロックを並べたのは奥さんの孝子さんのアイデア。古窓のガラスをアクリルに張り替えて使用している

トランペット奏者が楽器作りのためにログキットをセルフビルド
ウッディなログハウスは バイオリン作りを楽しむ夢の工房

写真◎佐藤弘樹

File 03 キット
東京都練馬区
吉田邸

Part 2 DIYer's Tiny House Collection 手作り小屋実例集

クラシックのトランペット奏者として活躍している吉田太美男さん。ドイツのオーケストラにいた頃には職人のもとで家具作りを学んだほど大の木工好きだ。

そんな吉田さんが興味を引きつけられたのはバイオリンだった。単純な構造ながら、なぜか名器〝ストラディバリウス〟だけ特別にいい音がする。その謎を知りたいと、吉田さんはバイオリン作りを始めた。

当初は母屋の自室で製作していた。その部屋を工房にしようかと思ったそうだが、「DIY雑誌『ドゥーパ！』（学研刊）の小屋特集を見て、やっぱり小屋だ！と欲が出ました（笑）」。そして、セルフビルドで小屋を建てることになった。

見た目のかわいらしい雰囲気からビックボックスのログキットをチョイス。早く形になるのが見たくて朝から晩まで作業に没頭し3カ月で完成させた。

ログ材の組み立ては身長を超えてからひとりで材を持ち上げるのが辛かったという。短い材はすんなりと入るが、長い材は入りにくかった。こういった場所の水平を取るのに苦労したそうだ。

工房内はバイオリンやビオラの型、アンティークのトランペットが並ぶ。ジブリ映画の『耳をすませば』に登場した工房を彷彿とさせる印象だ。

中央に作業台が配され、工具類が手に取りやすい位置に置かれており機能的な空間になっている。工房を持ってから道具の片づけや掃除がとても楽になった。ストレスフリーな環境を得て、吉田さんはよりいっそうバイオリン作りに精を出している。とはいえ、「作れば作るほどバイオリンの謎は深まるばかり」なのだとか。

壁にはバイオリン、ビオラ、チェロの型枠がかけられている。写真左の収納棚は隣家からいただいたもの。棚に吉田さんが作ったバイオリンが置かれている

天井にカーテンレールを取り付けて電気コードを下げている。壁面にカンナを収納。古道具店で購入し、刃を研いで使っている。古いものは鋼の質がいいのだとか

2×4材を2枚重ねで使い、小屋の土台にした

小屋はビックボックスのログキット「Koska」がベースの特注モデル

作業台でトランペットの修理をする吉田さん。床材に使ったのはアメリカ製のフローリング材。もらったものを組み合わせて張っておりパッチワーク風の見た目がおもしろい

［製作者DATA］
吉田太美男さん（66歳）
DIY歴40年

［小屋DATA］
製作日数…3カ月
製作費用…約90万円
延べ床面積…約9㎡
工法………丸太組み工法（角ログ）
基礎………独立基礎
外壁………ホワイトパイン
床…………フローリング材
屋根材……アスファルトシングル

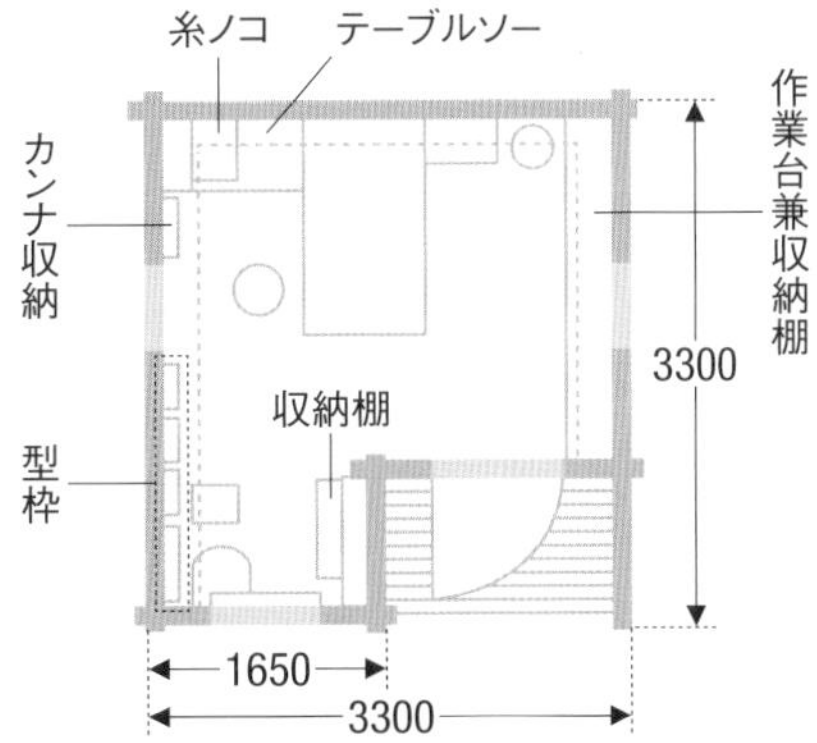

吉田さんの小屋上面図 ＊単位は㎜

窓はすべて縦滑り出し＆内倒しができるドレーキップ窓。ドイツで発明されたもので、どこかで使いたいと思っていた願いがこの小屋で叶った

友人からもらった作業台。天板面に収納スペースがついている。ヨーロッパではこのタイプのものをよく見かけるそうだ

電動工具をほとんど使わないため、工房内はホウキで掃除している。ホウキはホウキ職人の甥っ子さんが作ったもの

「住める小屋」をテーマに天井、壁、床に断熱材をきっちり入れた
大きな窓で開放感抜群の小屋は出勤前にホッとひと息つける場所

写真◎ドゥーパ！編集部

File 04 オリジナル
千葉県いすみ市
関邸

Part 2
DIYer's Tiny House Collection
手作り小屋実例集

カリフォルニアの風を感じるようなアメリカンなデザインのデッキ付きミニハウス。このミニハウスのテーマはズバリ「住める小屋」。壁、屋根、床に惜しげもなく断熱材を使用した小屋は、居心地最高のプチ別荘というわけだ。

床には根太の間にスタイロフォームを挟み込み、壁と屋根にはフレームの間に断熱材をセット。その上から合板を張り、仕上げていった。特筆すべきは内壁の構造。断熱材を入れたフレームの上に、合板を張り、さらにその上から石膏ボードを重ねているので、どこにでもビスを打てる。つまり間柱を探さなくても、壁の好きな場所にポスターのフレームや棚が取り付けられるのだ！

室内の塗装も手を抜いていない。ボードや材の継ぎ目にはパテ処理を施し、細部まできれいに仕上げている。窓など建具の周辺にはモールを張って仕上げているところもワンランク上のＤＩＹテクニックだ。

「朝、仕事に行く前にここでコーヒーを飲むのが日課です。ほんと落ち着くんですよ～」

小屋で過ごすこの短い安らぎの時間が、関英利さんの仕事の質を上げているに違いない。

異なる長さ、種類の材を縦張りした内壁。縦1列の幅をそろえて張っているのがポイント。取り付けにはエア工具（フィニッシュネイラ）を使用。材の側面から壁に向かって斜めに打っているので、ビス跡が見えない

床はスギ材をフィニッシュネイラで固定してあるので、ビス跡が見えない。モールにあけた穴は『トムとジェリー』のジェリーが逃げ込む穴をイメージ。遊び心も忘れません！

内壁は継ぎ目にパテ処理を施した石膏ボードの上に水性の塗料をローラーで塗布。壁に埋め込まれたガラスブロックが明かり取りの役割を果たしている

1×材と集成材、垂木で作られたサーフボードラック。ラックに立てかけて、ゴムで固定するだけのお手軽木工作品

サーフボードを並べた小屋の中。外にシャワーでもつけたら、サーフ中の休憩小屋としても使えそう

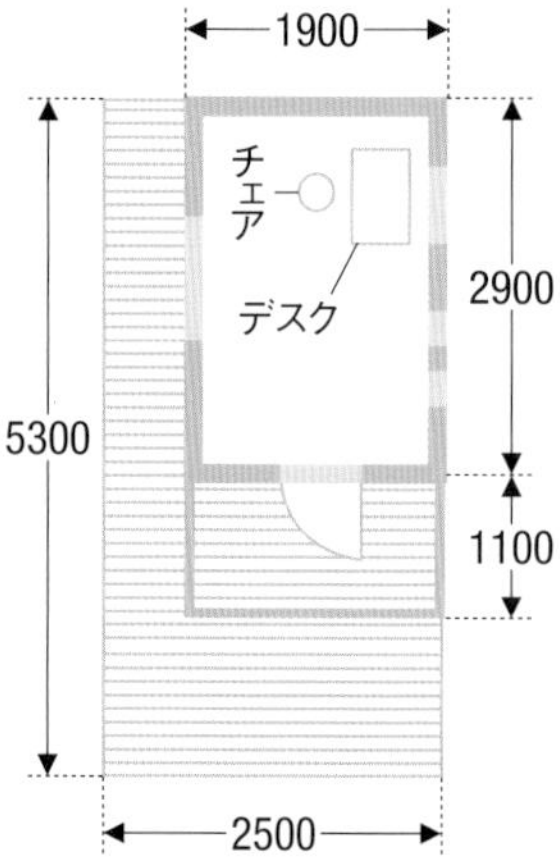

関さんの小屋上面図
＊単位は㎜

[製作者DATA]
関 英利さん(41歳)
DIY歴21年

[小屋DATA]
製作日数…約14日
製作費用…約30万円
延べ床面積…約11.6㎡(デッキ含めず)
工法………2×4工法
基礎………独立基礎(コンクリート平板)
外壁………スギ板
床…………スギ板
屋根材……アスファルトシングル

左側面から小屋を見た様子。大きな窓は室内が見えすぎる気もするが、通りから少し奥まったところにあり、ちょうどいい開放感を与えてくれるとのこと

右側面。外壁はスギの野地板。こちらは緩やかな斜面になっているので、束柱が逆側よりも少し長い。束柱と基礎石との間にはゴムパッキンを挟み、材の腐食を防止

大きなガラス窓が特徴的なミニハウス。玄関前のデッキといい、このカラーリングといい、アメリカの庭にありそうな雰囲気

のどかな土地の片隅にたたずむ道具収納＋泊まれる小屋

家作りの練習で建てた物置小屋は断熱材と電力装備を搭載した快適仕様！

写真◎ドゥーパ！編集部

File 05 オリジナル

千葉県君津市
堀江邸

Part 2
DIYer's Tiny House Collection
手作り小屋実例集

東京都内でマンション暮らしの堀江藤雄さんは、のどかな地に拠点を求め、千葉県君津市の土地を購入。先立って並びの区画を入手した人が、自邸をセルフビルドするさまを間近に見たことが刺激となって、ハーフビルドしようと決意するに至った。と、その前に、実地訓練と、道具類などの保管場所作りを兼ねて製作したのが、この物置小屋だ。

それまでDIYの経験はあまりなかった堀江さんだが、インターネットで情報を集めたり、前述の隣人に教えてもらったりして、小屋作りを進行。とくにDIYの先輩がすぐ近くにいたことで、状況に応じた具体的なアドバイスが得られたり、道具を貸してもらえたりと、大いに助けられたそう。

製作期間は約1年と長いが、それは週に1日のペースで無理せず楽しみながら、また土地の草刈りなどほかの作業も並行しながら作ったため。

ところで用途は物置だが、家作りの練習もまた目的。そこで壁、床、天井すべてに断熱材を入れ、内張りを張って仕上げてみることに。小さいながらも、構造はまさに住宅並みなのだ。

さらに、自宅の庭ならいざ知らず、ここでは電気は不可欠と業者に引いてもらい、室内には冷蔵庫や電子レンジまで装備。「やっぱり作業しながら、季節によって冷たいものや温かいものが欲しいですからね」というわけだ。

結果、快適に宿泊できる空間にまでなったスーパー物置小屋、これからの家作りの基地としても大活躍することは間違いない。

ドアの取っ手は拾った枝。手すり用ブラケットを介してドアに取り付けた

屋根材はアスファルトシングル

ドアの上につけた窓は自作。開口部に網戸用の網を張ってあるので、窓を開け放しても虫の侵入を防げる

作業台の足元にはスライド丸ノコ。自作したキャスター付き台車に載せているので動かしやすい

等間隔で並べた羽子板付き沓石の上に、直接、土台を載せている。小屋からデッキまで1本の土台が貫いている

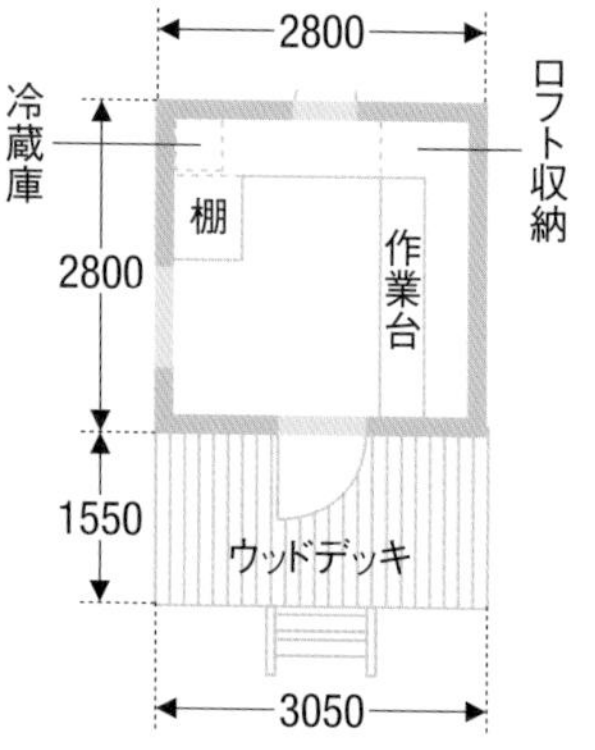

堀江さんの小屋上面図
＊単位は㎜

スギの羽目板の粗い面をあえて表に使い、継ぎ目に細材をかぶせた外壁は、オリンピックという塗料のポーラーブルーのカラーリングも相まってウエスタンな雰囲気。壁にはもらい物のアンダーセンの窓をつけた。階段の側板は2×10材

［製作者DATA］
堀江藤雄さん（55歳）
DIY歴3年

［小屋DATA］
製作日数…約1年
製作費用…約17万円
延べ床面積…約13㎡（デッキ分含む）
工法………2×4工法
基礎………独立基礎
外壁………スギ板
床…………合板（未完成）
屋根材……アスファルトシングル

室内右手。ロフト収納にはアウトドア用品がぎっしり。作業台はベッドにもなる。室内高は約2550㎜あり、ゆったり

室内左手。棚がロフト収納の支えも兼ねている。構造材はSPFの2×4材、壁はパイン羽目板、天井はヒノキ羽目板を使用。床は合板張りだが、これからフローリング材を張る予定

母屋から電線を埋設して引き回しているので照明も点く。左にあるチェアも伊藤さんの手作り

埼玉県入間郡
伊藤邸

[製作者DATA]
伊藤貴章さん（37歳）
DIY歴7年

[小屋DATA]
製作日数…約30日
製作費用…約25万円
延べ床面積…約7.45㎡
工法………2×4工法
基礎………独立基礎、掘っ立て柱
外壁………構造用合板
床…………パイン
屋根材……スギ板、ポリカ波板・草屋根（庇）

小屋の前が薪割りスペース。1〜3月に原木を調達し、春から少しずつ薪割りをスタートさせるそうだ

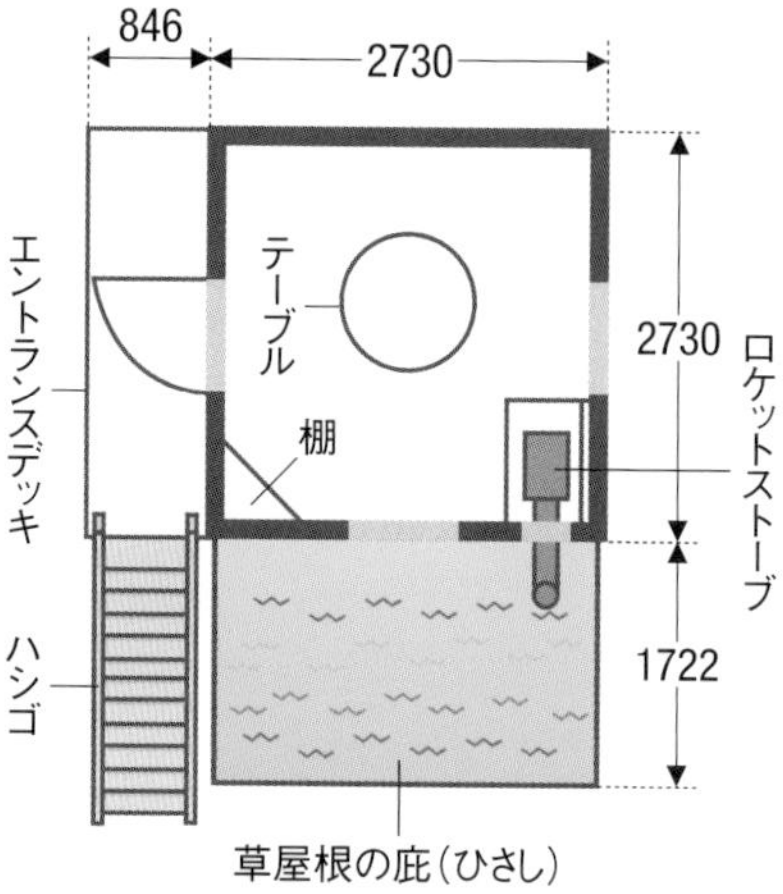

伊藤さんの小屋上面図 ＊単位は㎜

重いスギの丸太を脚立で支えながらひとりで製作!

手作りロケットストーブで暖をとる 遊び心が詰まった高床式の薪小屋

写真◎江藤海彦

小屋の外観。屋根の棟まで地上高で約6mある

埼玉県の自宅で薪ストーブライフを送る伊藤さん。薪割り後の薪は、最低2年は乾かしてから使うというこだわりがあるため、裏庭に5棟以上置かれた薪棚は常に満杯。今回、さらに増えていく薪を収納するスペースを作るために、もともとあった薪小屋の増築も兼ねて、この小屋を建てた。

ツリーハウスのような高床式の小屋に憧れを持っていたこともあって、小屋は地上から2・5mの高さに設置。そしてエントランスのデッキ部分を含めた1階部分を、まるまる薪の収納スペースとして使っている。

小屋の構造は2×4工法。柱は9本で、羽子板付き沓石を使った独立基礎を採用。柱や梁などの施工は、ふたつある脚立を駆使してひとりで立ち上げた。屋根は、150㎜幅に切断したコンパネを野地板として張り、水切りをつけたら、ルーフィングをコーキング剤で接着（軒先以外の端部分）。その上にビニールハウス用のシートを敷いている。屋根材はスギ板、棟には底を平らに加工した丸太を使用。丸太は1階の庇の柱と軒桁、小屋の棟にも使っており、デザインのアクセントになっている。

断熱材は床下にしか入れていないが、夏は側面につけた大きい窓を開ければ涼しく過ごすことができ、冬は常設したロケットストーブに火をつければポッカポカ。ここまで高さがあるものを作るのは初めてだったが、子供たちと遊んだり、趣味のギターを思う存分楽しむには実用的なレベルで、大満足の出来となったようだ。

エントランスからは裏庭が一望できる。1階の庇は草屋根になっており、防草シートと金網（軒先のみ）の上に土を載せて芝生を敷いた

裏庭の奥側から見た様子。1階の薪棚の側面には、雨風対策&薪が倒れないようにフェンスをつけた

野地板として使ったコンパネは天井材を兼ねている。突き出している煙突は、完成後に設置したロケットストーブのもの

庇を支えるのは掘っ立て柱。埋め込んだ部分はあらかじめバーナーで焼いて腐らないようにした。桁にロープをかけて子供用のブランコを設置

子供たちが外を望む開放的な大きな窓は透明ポリカ。伊藤さんのすぐ横にある中空ポリカで作った窓は開閉可能（外倒し）

出入り口となるドア。埋め込まれたステンドグラスや、裏庭に落ちていたヒノキの枝の取っ手がおしゃれだ

手作りの一斗缶ロケットストーブ。炉台はレンガで、側面には耐熱スプレー塗料（黒のツヤ消し）で塗装したケイカル板を遮熱板として設置

このようにドアの木枠に取り付けた
骨組みがラウンドしている

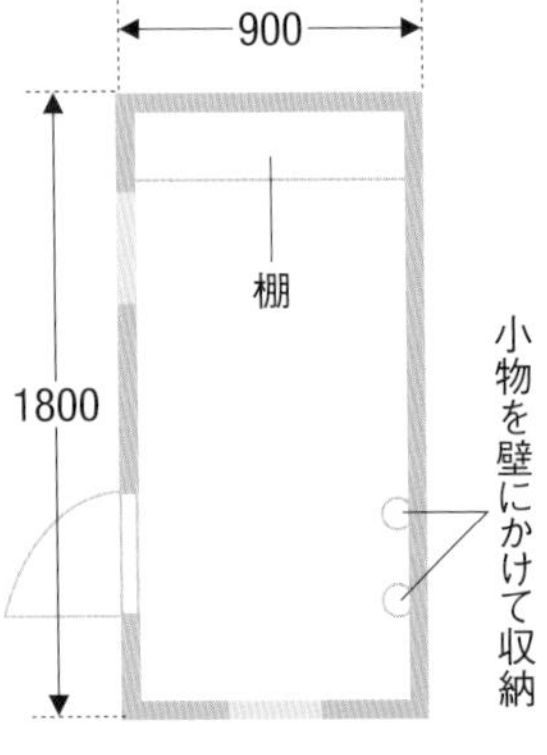

植木さんの小屋上面図
＊単位は㎜

[製作者DATA]
植木竹光さん（51歳）
DIY歴4年

[小屋DATA]
製作日数…約10日
製作費用…約1万5000円
延べ床面積…約1.6㎡
工法………ー
基礎………ベタ布基礎
外壁………廃材（樹種不明）
床…………コンクリート土間
屋根材……コロニアル

W1800×D900×H2500㎜のガーデンハウス。中から妖精が出てきそうなデザインは物置小屋には思えないほど

屋根の上では風見鶏、ドアからリスがお出迎え

細部までデザインにこだわった かわいいプチガーデンハウス

写真◎清水良太郎

File 07 オリジナル

徳島県鳴門市
植木邸

Part 2
DIYer's Tiny House Collection
手作り小屋実例集

休日は自宅のテラスで穏やかなひとときを過ごす植木夫妻。しかしテラスでリラックスするために、毎回自宅裏からイスやテーブルを引っ張り出してくるのはとっても面倒。「テラス横に物置小屋があれば…」と始まった植木竹光さんの小屋作り。

小屋を製作するにあたり、まずは奥さんの純恵さんがイメージをイラストに落とし込み、それを元に植木さんが小屋を作り上げていったという。ちなみに純恵さんはステンドグラス作りを楽しむもの作り派。

「どの作品もデザインは妻、実際に手を動かして作り上げていく作業は僕の担当です。作品づくりは共同作業ですね」(竹光さん)

そんな手作りが大好きな夫婦が「思わず住みたくなる」ようなデザインのガーデンハウスを製作。

基礎はしっかりとコンクリートを流し込んだベタ基礎。その周囲に鉄筋を立てて、コンクリートブロックをコの字になるように設置。ブロックの表面には自然石を張り付けた。この基礎の上に2×材で作ったパネル(骨組み)を取り付けて小屋の躯体を立ち上げていった。

外壁はコンパネ、ルーフィングを張った後、仕事先で余っていたという85㎜幅、12㎜厚の板材を張り付けて仕上げた。デザイン重視で作っていったので、屋根の角度がかなり鋭角だが、それも気に入っているポイントだそう。屋根の上では風見鶏が回る。

「ただの小屋ではなく、庭のエクステリアとして楽しめる。まるでここから物語が始まるような、そんな癒やしのスペースになっています」(純恵さん)

屋根の上の風見鶏。素敵な小物がよりいっそう小屋の雰囲気を引き立てる

ドアの庇上のリスが、庭仕事をする植木さんたちを迎える

基礎のコンクリートブロックは自然石で化粧されている

青と水色で塗り分けられた窓枠と白い壁面のコントラストがさわやか。窓にはアクリル板を使用

物置小屋内部の壁面には収納スペースとして棚が作り付けられている

小屋の背面。無造作に立てかけられた庭道具も絵になる

下見張りした壁材の継ぎ目にはコーキング剤で防水処理を施している。外壁はステインと自分で調色した水性塗料のグリーンで塗り分けた

緩やかな斜面に作った工房は頑丈な土台がポイント

ログハウス作りのスキルと経験を生かした傾斜地に建つ3坪のこだわり工房

写真◎田里弐裸衣

定年後、熱海の丘にハーフビルドでログハウスを建てたmasaさん。これからより本格的にもの作りを楽しみたいと、ログ作りの経験を生かし、敷地内の斜面に3坪のミニ工房を製作した。

斜面に建てた小屋に重たい資材と工具が載るのだからと、土台と床面の強度を重視。基礎石14個を3列に並べ、30㎝ピッチで細かく根太を入れた。さらに床板は12㎜厚の針葉樹合板を2枚重ね張りし、しっかりとした土台が完成。また束柱と根太、垂木とフレームには金具を取り付けて補強してある。

ログハウス作りで余った材を利用しているのもこの工房の特徴。棟木には92×160㎜のログ材を加工し使用。ログハウスとの一体感が出るよう、屋根の勾配や塗装の色をそれと合わせているところにこだわりを感じる。

内部のニッチ収納は道具を種類別にかけて使用。電気工事師の資格を取り、電動工具が使いやすい位置に照明とコンセントを設けた。工房作りの秘訣とは?

「小屋を作る前に自分が使いやすい工房をイメージする、これが大事。長尺物をどう扱うかでドアの位置も変わってくる。レイアウトをよく考えておくといいですよ」

File 08 オリジナル

静岡県熱海市
masa邸

Part 2
DIYer's Tiny House Collection
手作り小屋実例集

［製作者DATA］
masaさん（63歳）
DIY歴40年

［小屋DATA］
製作日数…3カ月
製作費用…不明
延べ床面積…約9.72㎡
工法………2×4工法
基礎………独立基礎
外壁………スギの野地板
床…………針葉樹合板（12㎜厚）を2枚重ね
屋根材……アスファルトシングル

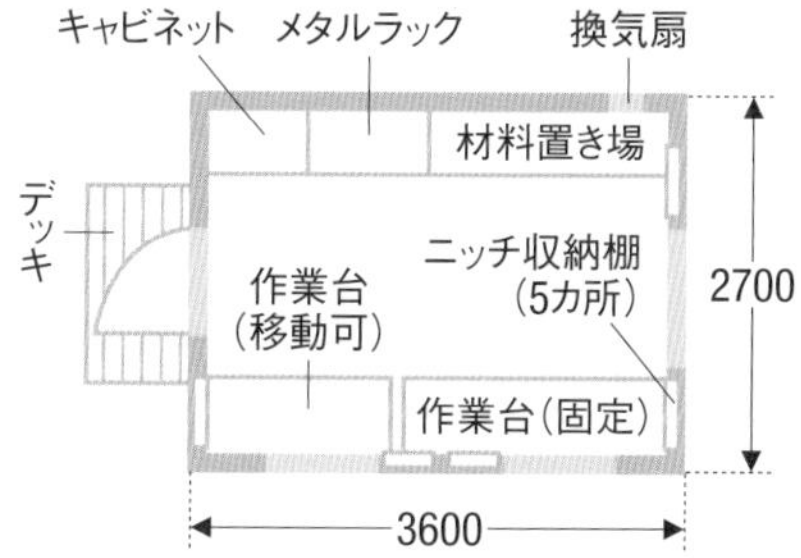

masaさんの小屋上面図 ＊単位は㎜

粉じん対策として、室内には換気扇を取り付けた。電源も工具が使いやすい場所に複数設置

2台並んだ作業台のすき間を利用して材をカット

作業台と作業台の間には引き出し式の端材受けをセット。これで掃除も簡単

小屋の内部の様子。床には12㎜厚の針葉樹合板を重ね張りし、強度を確保

masaさんがハーフビルドで作り上げたログハウス。このデザインに合わせ、ミニ工房の屋根勾配やカラーリングを決定した。このログハウス作りが小屋作りの世界に入るスタートとなった

壁面を使った端材置き場。ホームセンターの資材置き場同様、材の倒れこみ防止のチェーンをかけている

壁際には作業台2台と壁面を利用したニッチ収納設置。作業によって工房のレイアウトを変えられるよう、作業台の1台は固定せず、移動できるようにしてある

File 09

オリジナル

群馬県伊勢崎市
田島邸

ドアを閉めた状態。外壁にいろいろな看板を張ってアメリカンスタイルに仕上げた

ガレージとカーポートは屋根の勾配を合わせてある。出入り口にはスロープを作ってバイクを出し入れしやすくした

ビオトープ観賞を楽しめるミニデッキ付き

カーポートと一体化した アメリカンスタイルのバイクガレージ

写真◎冨士井明史

[製作者DATA]
田島輝久さん(46歳)
DIY歴10年

[小屋DATA]
製作日数…6カ月
製作費用…30万円
延べ床面積…9㎡
工法………2×4工法
基礎………独立基礎
外壁………スギ板
床…………フローリング材
屋根材……トタン波板

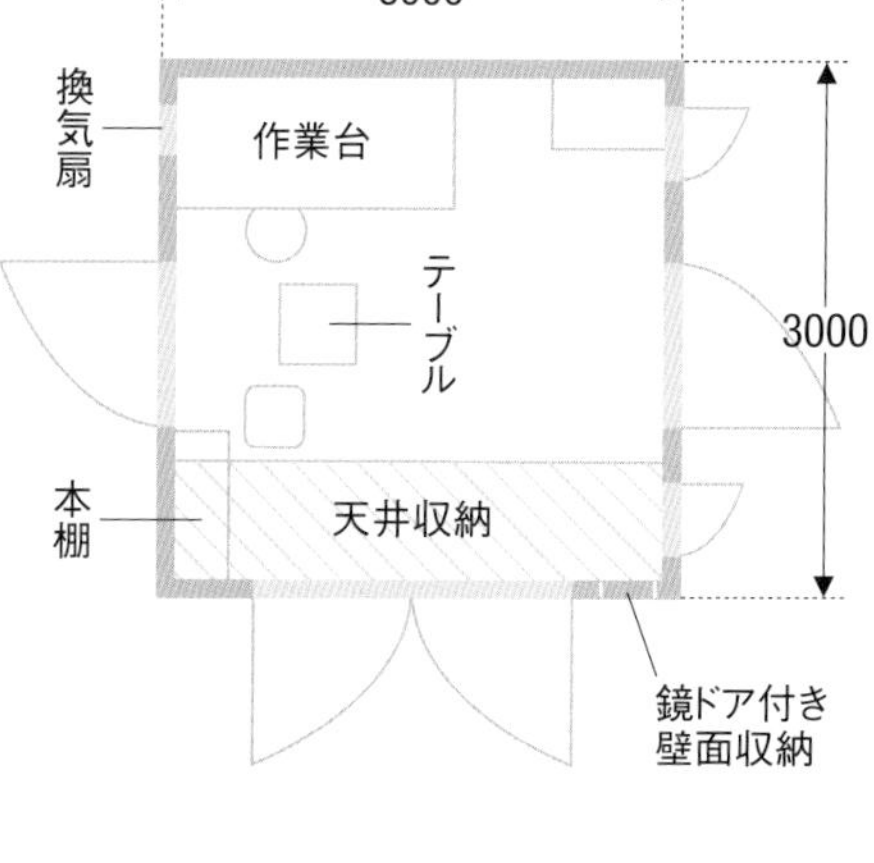

田島さんの小屋上面図 ＊単位は㎜

10年ほど前に自宅庭にビオトープを作り、観賞用の簡単なウッドデッキを作った。それが朽ちてきたため、あらためてデッキを作ろうと考えていた矢先、書店でガレージを紹介する本を見かける。雨ざらしのバイクがかわいそうだし、デッキ付きのガレージにしてしまおうと、田島輝久さんはガレージ作りを始めた。

「デッキだけのはずが、知らぬ間に壁や屋根がついたガレージになってたんですよ（笑）」と田島さんの奥さん。

DIY誌『ドゥーパ！』50号の「ガーデンシェッドを作る」や学研ムック『日曜大工で作る！ガーデン収納&物置小屋』を参考に製作した2×4工法のガレージ。コンクリート平板の基礎の上に根太枠を置いた土台に、24㎜厚合板の床下地、床板を張る。床板は、壁に使ったスギ板をプレーナー加工したものを使用した。ガレージ完成後には、車が不憫になりカーポート屋根を製作。一体化したような造りにするため、ガレージと屋根をシンプソン金具でつないだ。

現在は、ガレージのトタン屋根を屋上デッキに作り替える計画を立てている。「ここは群馬県内でも暑い地域。デッキ屋根にすれば空気の層ができるし、今よりは快適になるはずです！」と夢を膨らませている。

ビオトープ側にミニデッキが作られている。ビオトープは穴を掘り、ビニールハウスのビニールを二重に敷き、その上にブルーシートを敷いて、土を埋め戻して形成した。水草はコウホネやショウブ。コイがすんでいる。「いろいろなトンボが飛んできますよ」（田島さん）

ドアを90度で開閉するときは丸落とし金具で固定

ドアを全開にするときはアオリ止め金具で固定

側面のドアを開けると、ビオトープを眺められる。開けたままにしておくと室内の雰囲気が変わる

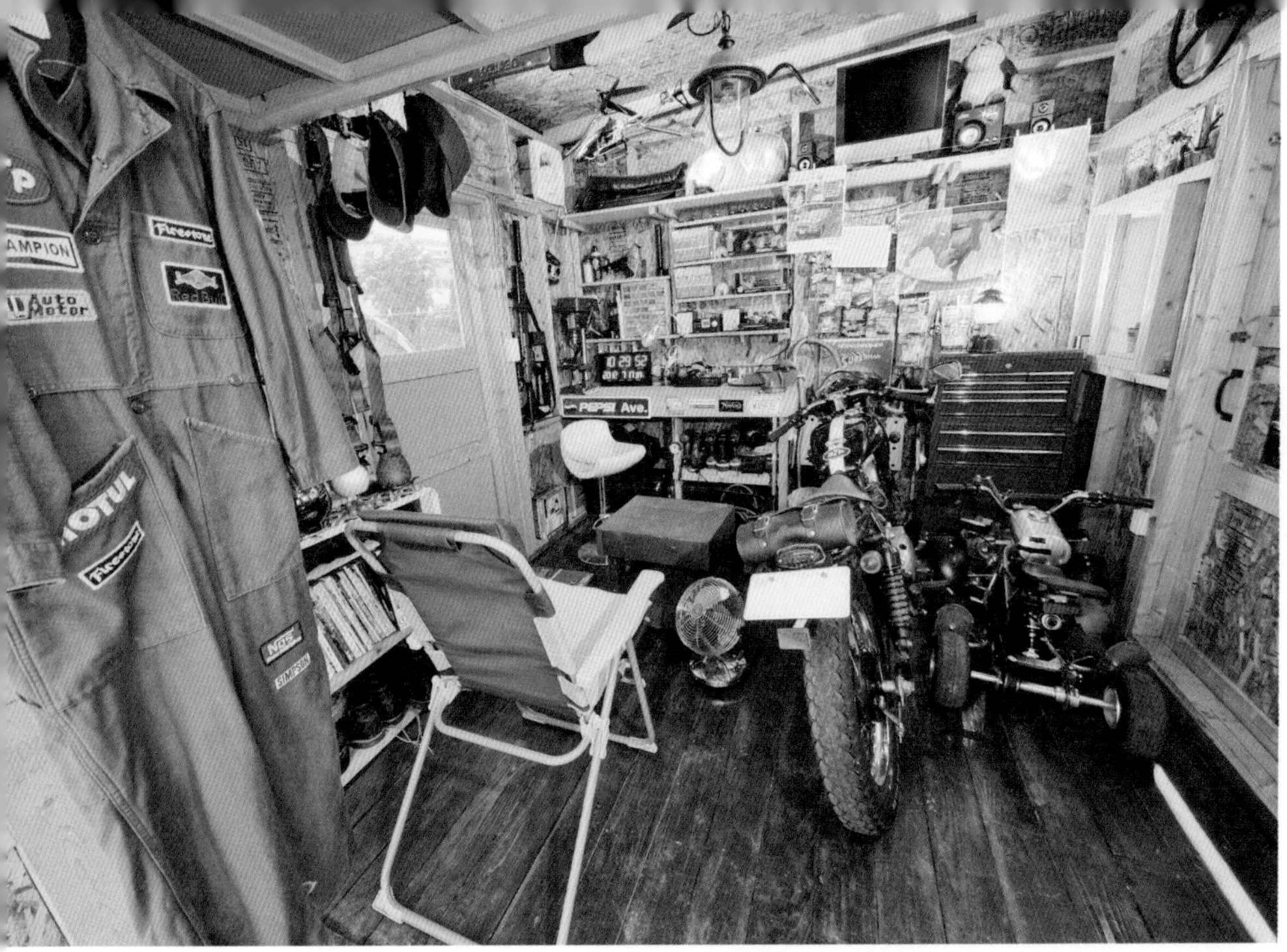

バイクはカワサキのTR。エンジンとフレーム以外を改造した。電気は母屋の屋外コンセントから引いて、50Aまで使用できる

ガレージの裏には鳥小屋がある。ニワトリ、オカメインコ、キンカチョウなどがすんでいる

飼っている鳥。アイガモやニワトリがいる

壁面収納のドアに市販の鏡を使用

Open

間柱を使ったミニ収納

ガレージ内に熱がこもりやすいため、換気扇を取り付けた。多少緩和されたそう

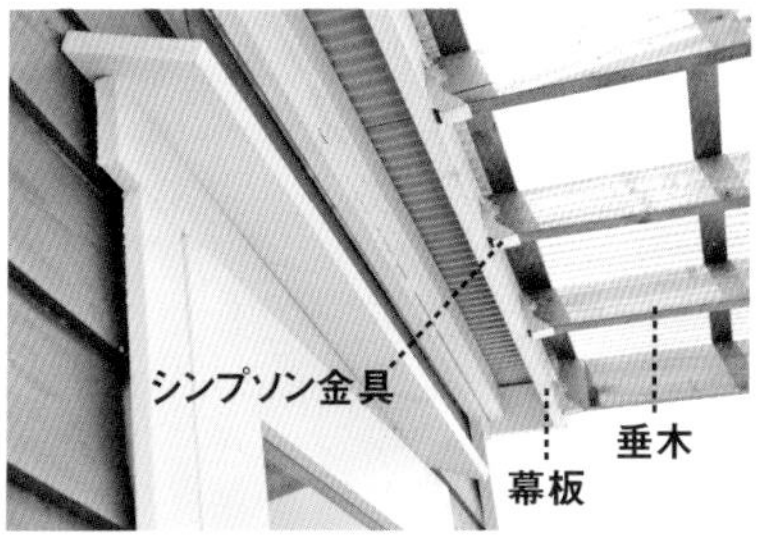

ガレージとカーポート屋根の接続部

駐車場スペースという設置場所がポイントのミニ工房。プラモデルや模型の製作をはじめ、木工や車の整備などもここでできる

File 10 オリジナル

三重県松阪市
森下邸

Part 2
DIYer's Tiny House Collection
手作り小屋実例集

写真◎製作者提供

花壇への水やり用の雨水タンクの装備もあり！

3畳の狭小小屋はガレージから工房までマルチに活躍！

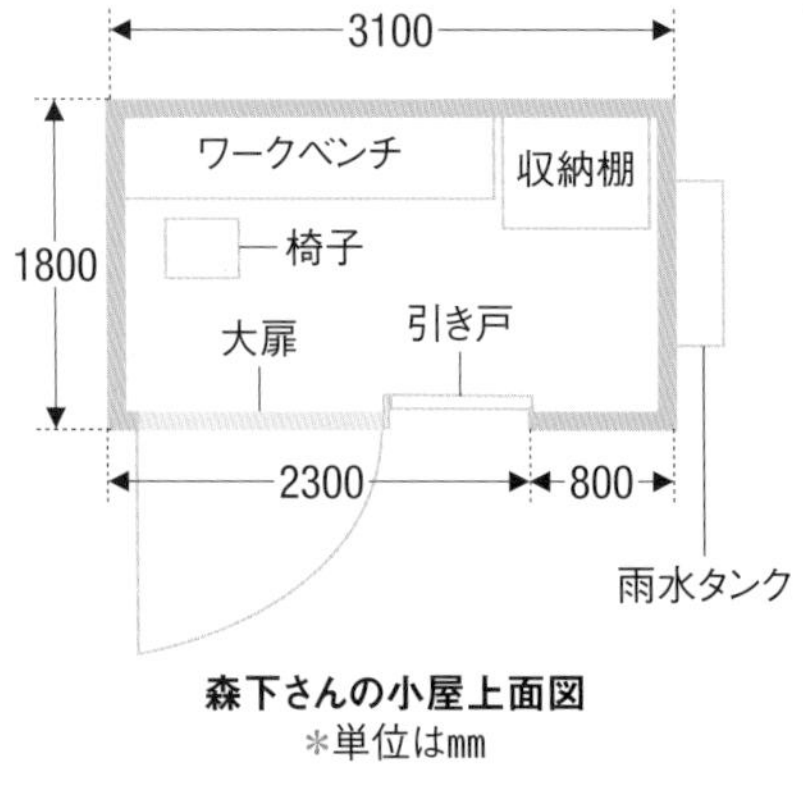

森下さんの小屋上面図
＊単位は㎜

正面から見た様子。普段はこのように扉が閉まっており、前方に車を駐車。小屋の側面には雨水タンクを設置し庭の花の水やりに使用

車や自転車の整備、工房、趣味小屋…3畳の大きさの小屋でも使い方次第で何通りもの活用方法がある。「ひと粒でいろんな味が楽しめる」そんな小屋が、森下賢治さんが自宅駐車場に作ったミニ工房だ。

2×4工法で作られた横長の小屋には広い開口部を設置。その大きな扉を開ければ、工房と駐車場がつながり、自然と大きな作業空間が生まれるのが森下さんの小屋の特長だ。扉を開けた状態であれば車の整備も可能。工房でありながらガレージのような機能も持つというわけだ。

工房内は3畳という狭小スペースをいかせるよう、上部に棚をできる限り取り付け、壁面もすべて収納に使用。そのほか、道具の収納には自作の収納庫を設置し、わずかなスペースも無駄なく利用している。また小屋内はラフにのびのびともの作りを楽しめるよう、あえて床をつけず土間仕上げに。

片流れ屋根の背面には雨ドイを取り付け、雨を小屋横に設置した雨水タンクに貯水し花壇の水やりに使用。もうおわかりのとおり、限られたスペースを有効に使うために考え抜かれたアイデアが至るところに詰まっている。

普段の出入口は引き戸。写真は大扉と引き戸が閉まる寸前の状態。大扉の1×4材に鍵受けがついており、引き戸ときっちりつながって閉まる

引き戸の構造図

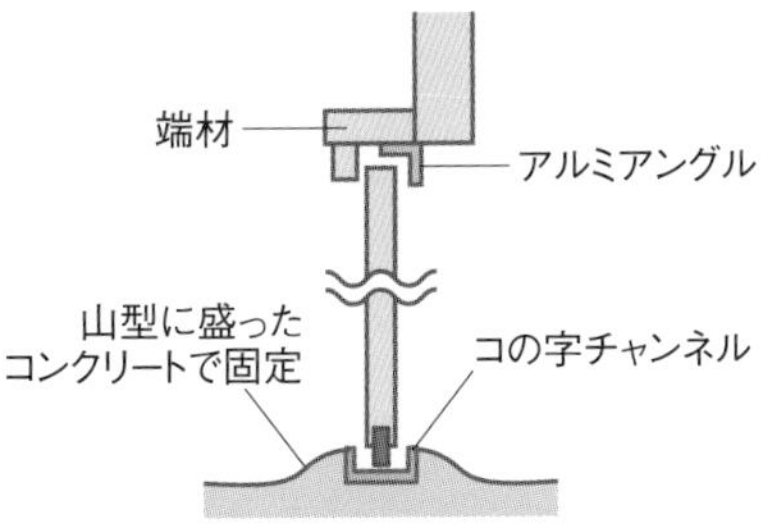

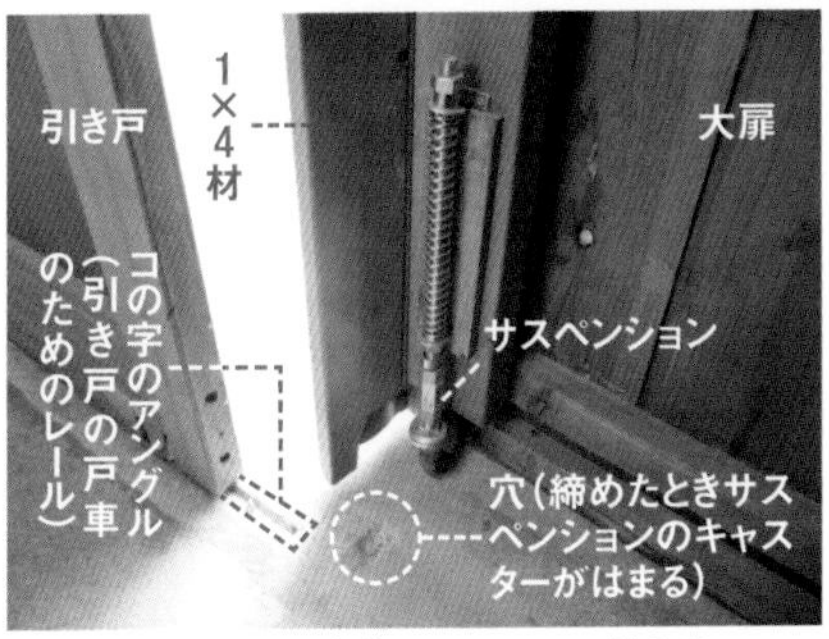

大扉を開けるとき、自作のキャスター付きサスペンションにより、扉を支えるヒンジへの負荷を軽減。大扉を閉めた状態で引き戸は開閉させる

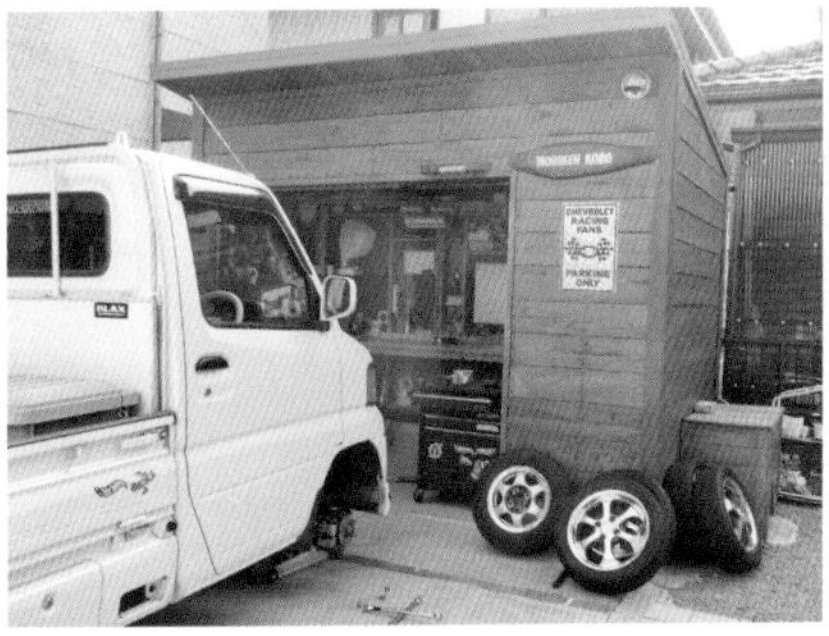
車をメンテナンスする際は、写真のように出入口を全開にし、車の頭を入れるようにして行なう

入口正面に作られたワークデスク。キャビネット類はすべてキャスター付きで、ホコリが舞わないように土間をコンクリート専用の塗料で塗装している

扉の構造図（上面図）

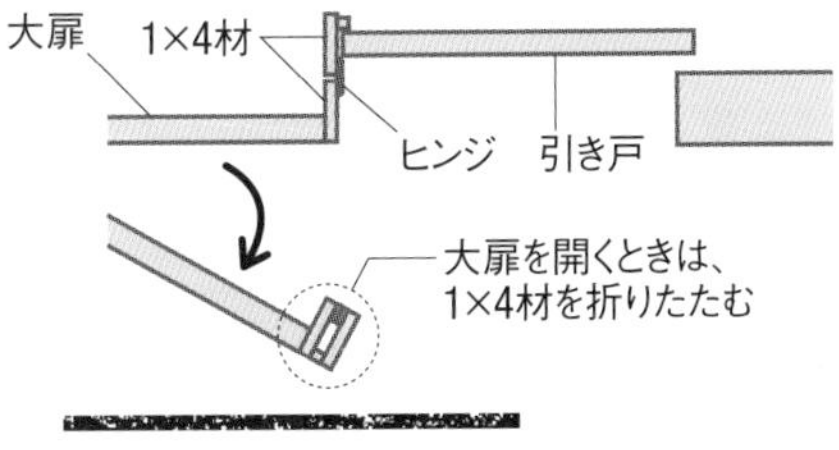

［製作者DATA］
森下賢治さん（42歳）
DIY歴13年

［小屋DATA］
製作日数…約1カ月半
製作費用…約13万5000円
延べ床面積…約5.6㎡
工法………2×4工法
基礎………独立基礎
外壁………スギ板
床…………コンクリート土間
屋根材……ガルバ波板

扉の上のスペースも棚として利用している！

3畳という狭小スペースを有効に使うために、壁面全体を収納に。無駄なスペースは作らない！

コーナーにはDIYで作った収納庫を設置。ドアを開けると用途別に棚板やボックスで区切られており、きれいにツールが収納されている

外壁に張ったヒノキ背板材でウッディな雰囲気の農機具小屋。ドアは折れ戸

ひと目で物の置き場所がわかるようにした収納がポイント

整理＆収納のノウハウを駆使し 機能的に使える菜園小屋

写真◎佐藤弘樹

File 11 オリジナル

長野県塩尻市
長谷川邸

Part 2
DIYer's Tiny House Collection
手作り小屋実例集

2013年の冬の大雪で農機具小屋として使っていたビニールハウスが倒壊。ビニールハウスを建て直すことも検討したが、DIYしたほうが安いとわかり、長谷川さんは木造の小屋をセルフビルドすることに。

小屋は軸組工法で建てた。基礎は独立基礎。柱には75㎜角のスギ材を、スジカイや垂木、棟木などに2×材を使った。組み立てに建築金物を活用し、難なく小屋の骨組みが完成！ そこに屋根材として屋根下地＆アスファルトシングルを張り、外壁材としてヒノキ背板材を張って仕上げた。農機具小屋なので床材は張らず、砂利を敷いている。

整理収納アドバイザー1級の資格を持つ長谷川さんにとっては、小屋が完成してからが本番。雑然としないように、小屋に置く肥料や農機具類すべての物に定位置を作った。さらに、使用頻度の高い物は手前に、低い物は奥に収納。奥の物が取り出せるように通路を確保するのもポイントなのだとか。

こうして、見た目すっきり！ ドアを開けただけで道具がどこにあるかパッとわかる農機具小屋ができあがった。

[製作者DATA]
長谷川有一さん(48歳)
DIY歴約15年

[小屋DATA]
製作日数…5カ月
製作費用…16万円
延べ床面積…9.62㎡
工法………軸組工法
基礎………羽子板付きの基礎石
外壁………ヒノキ背板材
屋根材……オンデュリンクラシックシート

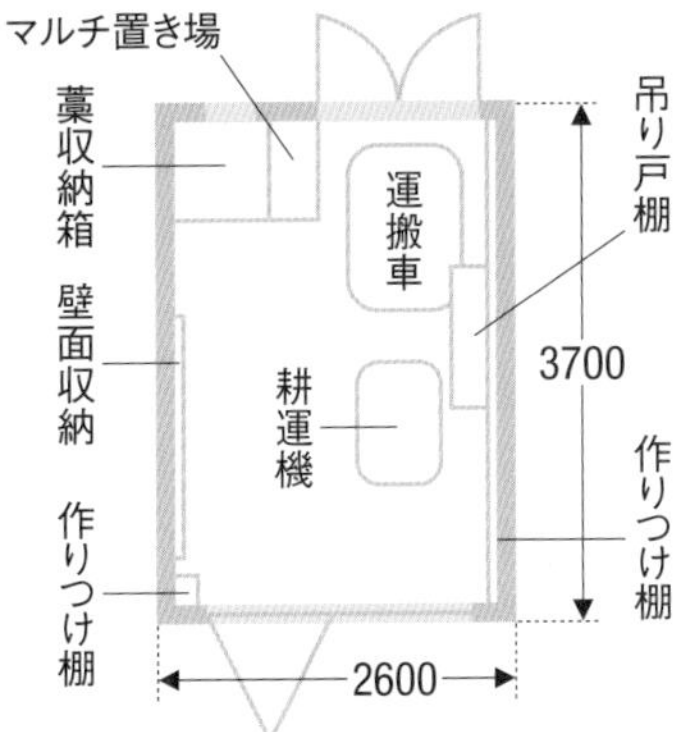

長谷川さんの小屋上面図 ＊単位はmm

小屋の中。ひと目で置いてある物がわかるようになっている。奥にあるのが藁用の収納箱。以前は積み置きで雑然としていたそう

小屋の裏側。収穫の時期にしか使わない運搬車は小屋の最奥に置いている。使用する際、スムーズに出し入れできるように専用のドアを作った。小屋の中が真っ暗にならないように窓も作られている

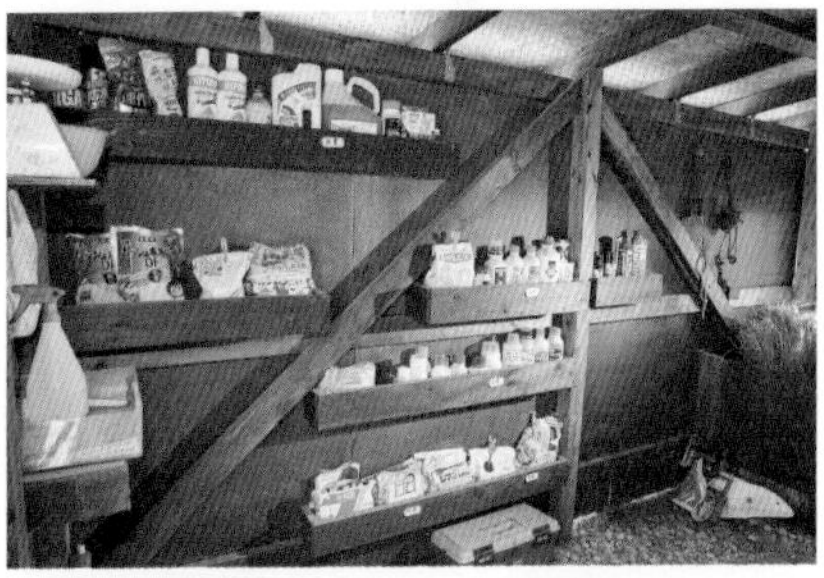

農薬&肥料置場。容器のサイズに合わせてボックスを作った。使用頻度の高い物を手に取りやすい高さに置いている

天井に作った棚にゴザやブルーシートなどを置いた。壁の作り付けの棚にカゴを置いている

小屋の壁面(畑に面した側)にレーキなどをかけている。レーキの刃先があたる部分は外壁を傷つけないように合板を張っている

ドアは折れ戸なので開けっぱなしにできる。お風呂場のドアからヒントを得たそう

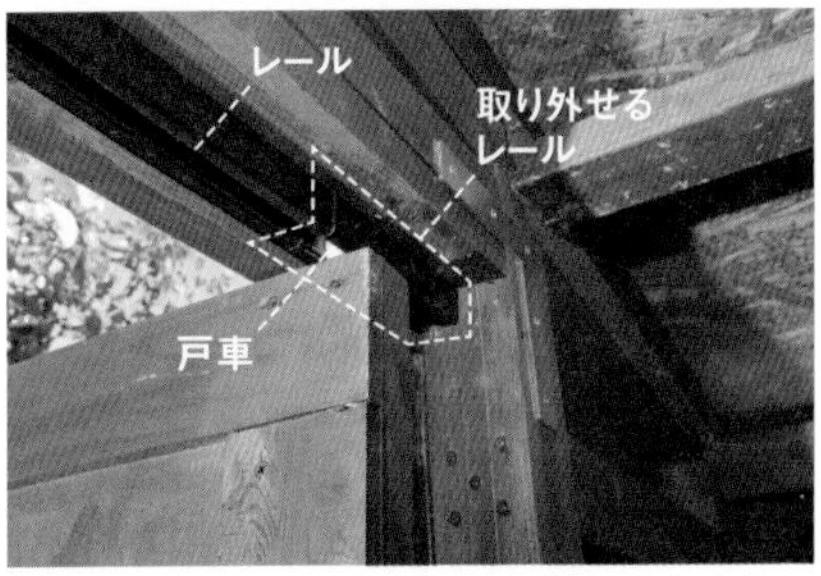

折れ戸のレールと戸車。戸車が摩耗したら容易に交換できるように、レールの一部を取り外せるようにした

観音開きのドアを開けたところ。大きな掃き出し窓が、見る者に不思議な開放感を感じさせる

File 12 オリジナル

千葉県千葉市
グレイスの森

[製作者DATA]
石濱喜充さん(49歳)
DIY歴20年

[小屋DATA]
製作日数…約20日間
製作費用…約50万円
延べ床面積…約9㎡
工法………軸組工法と
パネル工法のミックス
基礎………独立基礎、掘っ立て柱
外壁………合板
床…………SPF(2×6材)
屋根材……コロニアル

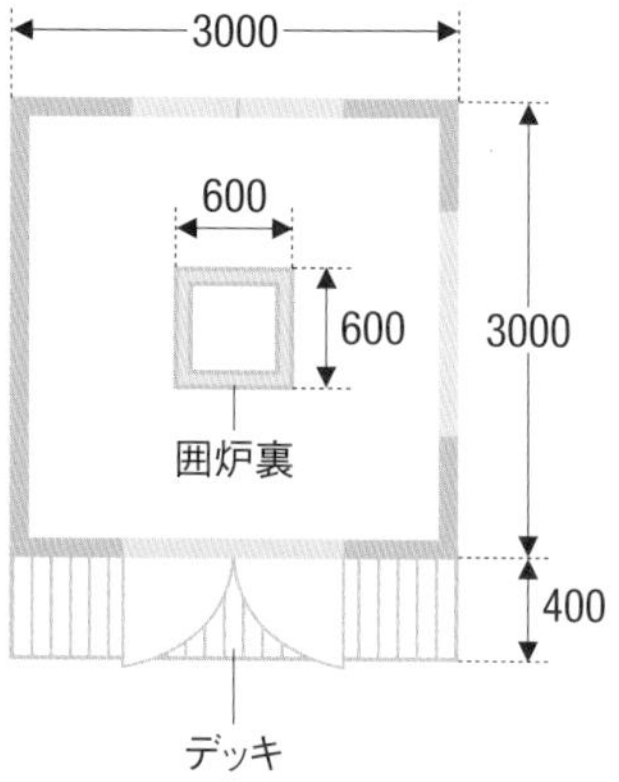

グレイスの森の小屋上面図
＊単位は㎜

壁2面に大きな窓があり自然の開放感を味わえる

日本昔話に出てきそうな 純和風デザインの囲炉裏小屋

写真◎田里弐裸衣

囲炉裏小屋の内部。大人8人がゆったりと利用することができるサイズなのだそう

右側面から囲炉裏小屋を見た様子。外壁材にはうずくり加工を施した合板を取り付け、2×4材でトリミングを施している

左背面から小屋を見た様子

床下から囲炉裏を見た様子。合板の枠板を2×4材で固定。この中に排水升の炉が固定されている

囲炉裏にあえて炉縁を設けないことで、フラットな床面に戻すことができる

小屋の梁には、ダイナミックで迫力のある建築廃材を使用

千葉県緑区にある会員制のアウトドアフィールド「グレイスの森」。ツリーハウスやピザ窯などフィールドにある共用施設は、すべてオーナーである石濱喜充さんとその仲間たちの手作り。ここで紹介する囲炉裏小屋もそのひとつだ。

石濱さんの囲炉裏小屋の特長は、その2面についた大きな窓。小屋の中にこもっても、自然の中にいる開放感を味わえるように取り付けた。また庇を延ばした代わりに、あえて雨ドイを取り付けなかったのは、雨だれを楽しむため。このように、非日常空間を楽しむための工夫が随所に見られる。

小屋の床に切られた囲炉裏だが、炉に600㎜角の排水升を利用。あえて炉縁を設けないことにより、炉に板材を渡せばフラットな床に戻すことができる。大勢で利用した際、なるべく多くの人が寝泊まりできるようにとのアイデアだ。また壁面と屋根の垂木の接合部分にできたすき間をあえてふさがず、空気口とすることで、一酸化炭素中毒の防止も図っている。

床は独立基礎でコンクリート平板を使用。支柱、桁には140㎜角の集成材を使用し、継ぎ手でしっかり固定。この角材で作ったフレームに、2×材で作った壁パネルを立ち上げていくという、軸組工法とパネル工法のミックスで囲炉裏小屋を作り上げていった。

このようにして完成した囲炉裏小屋は、森の利用者に大人気。季節を問わず、毎週末稼働する働き者の小屋となった。

壁と屋根の垂木の間にできたすき間は空気口になっている

基礎にはコンクリート平板を使用。支柱の部分のみ、平板を3枚重ねにしている

File 13 オリジナル

神奈川県相模原市 村石邸

Part 2
DIYer's Tiny House Collection
手作り小屋実例集

［製作者DATA］
村石 忠さん（64歳）
DIY歴10年

［小屋DATA］
製作日数…約6カ月
製作費用…約28万円
延べ床面積…約9.8㎡
工法………軸組工法&2×4工法
基礎………独立基礎
外壁………モルタル
床…………スギ板
屋根材……アスファルトシングル

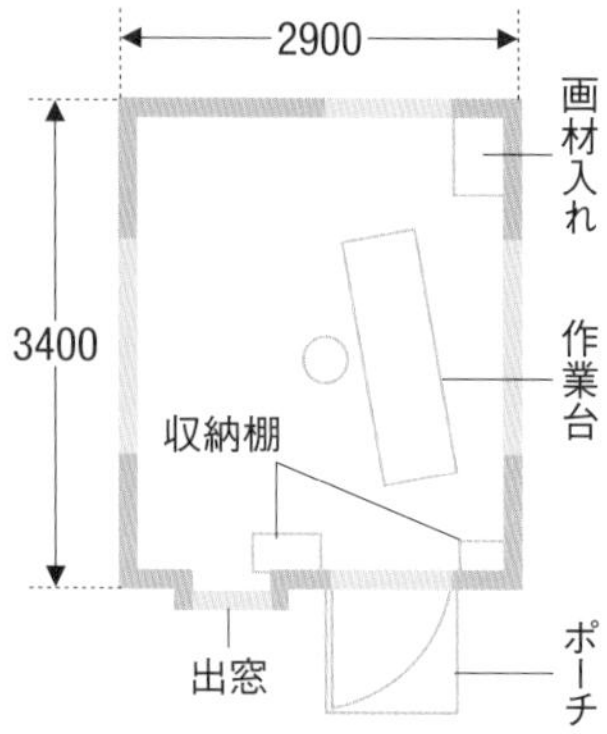

村石さんの小屋上面図
＊単位は㎜

もらいもののドアの枠だけ生かして自作したドア。取っ手はキウイフルーツのツル

「玄関周りを雨から守るポーチは重要」と村石さん。妻壁は、製材所でもらった丸太の半割りと中空ポリカの明かり取りを組み合わせた。ドア左横の少し飛び出した出窓もポイント

モルタル壁×半割丸太の外壁が印象的

窓がいっぱいで明るい小屋は作業に没頭できる絵描きのアトリエ

写真◎佐藤弘樹

裏側の様子。モルタル壁面の下端にはトタンの水切りを設置している

廃材を再生させた窓。引き手の向きが本来とは違っている

電気はないが、窓からの光が明るいアトリエ。頭上には古民家で使われていた梁。知人にもらったそう

神奈川県北部の静かな集落に別荘を持った村石忠さん。絵を描くのが趣味の村石さんは創作に没頭できるスペースが欲しいと別荘のガーデンにアトリエ小屋をセルフビルドした。

アトリエ小屋の特徴は、随所に廃材、廃物を有効活用していること。基礎から廃物利用なのだ。ガソリンスタンドでもらったオイル缶を250㎜ほど地中に埋め、コンクリートを詰めて独立基礎を製作。コンクリートを詰める際に仕込んでおいたL字金具を介して、土台の木材との固定もバッチリ。

壁は、軸組工法と2×4工法をミックス。土台の四隅に柱を立て、柱の間に2×4材と合板で作ったパネルをはめる方法だ。4面の壁すべてに窓がついているが、すべて廃材。よく見ると、引き手が本来と違う向きについていたりして面白い。

外壁はモルタル。ラス網を張り、コテでモルタルを塗りつけ、塗装して仕上げた。

いちばん困難だったのが屋根作り。村石さんは大の高所恐怖症。勾配をゆるめにしたが、それでも怖かったので、棟木に金具をつけ、命綱を結んで屋根張り作業を進めたそう。

屋根を張ってから、床張り。根太を組み、合板を張って、その上にスギ板を張った。

完成したアトリエ小屋の居心地は最高。廃材を使ったおかげで、あちこちに〝崩し〟のあるデザインになっているのもお気に入りなのだとか。どこよりも作業に没頭できる場所を手に入れて、村石さんが描く作品にもいっそう磨きがかかっているに違いない。

漆喰塗りの壁には村石さんの作品が掛かる。廃材のガラスで作った3連窓は、ガラス切りに失敗してだんだんサイズが小さくなったのだとか

オイル缶にコンクリートを充填した自作の独立基礎。いかにも頑丈そう。あらかじめ埋め込んでおいたL字金具を介して土台を留めている

棟木の下面の金具は、屋根張り作業の際に命綱を結ぶためにつけたもの

ハウスメーカーに設計と資材調達のみ依頼したログ工房

狭小地に作ったミニログハウスは収納アイデア満載の工房

写真◎福島章公

File 14
東京都町田市 田中邸
キット ＊注文設計
Part 2 DIYer's Tiny House Collection 手作り小屋実例集

自宅の駐車スペースで木工を楽しんでいた田中竹男さんだが、電動工具の騒音が気になり、「思う存分木工を楽しめる工房を作ろう」と決意する。だが、狭い敷地への施工で規格の決まったキットが使えない。悩んだ末に、ログハウスメーカーの「TALOインターナショナル」に設計・資材調達を依頼し、自分で施工することにした。

工房の面積は約7㎡。夏休みを利用して、1カ月間で屋根まで製作。その後は、仕事の合間を利用して窓や床をゆっくり仕上げていった。工房内に収納台や作業台を、できるだけ使いやすいよう、考えながらていねいに製作していたら、1年近くかかってしまったという。

「楽しかったです。もう1回作りたいくらい」と思い出す田中さんだが、今も使い勝手をよくするための改良を続けている。狭い空間をいかに有機的で機能的なものにするかが目標だ。

その田中さんのアイデアをいくつか紹介しよう。まずひとつは、テーブルソーなどの大型工具にはキャスターをつけること。使用時だけ部屋の真ん中に出して使うためだ。もうひとつは、壁面をできるだけ効率よく収納スペースとして活用することだ。収納スペースを多くして、こまめに片づけることで作業スペースが大きく確保できる。また、「見える収納」にすることも大切だという。どこに置いたかわからなくなっては、作業がスムーズに進まなくなる。

自分好みに仕上がってきた我が城に大満足の田中さん。木工作業に熱中する日々を過ごしている。

家にあった一合升を利用して作ったネジ収納ボックス。中のネジが見えるようになっている

入口に「竹馬工房」の看板。出入口前にウッドデッキが作られている

敷地をフルに使い母屋の横に張りつくように建っている。工房の面積は約7㎡

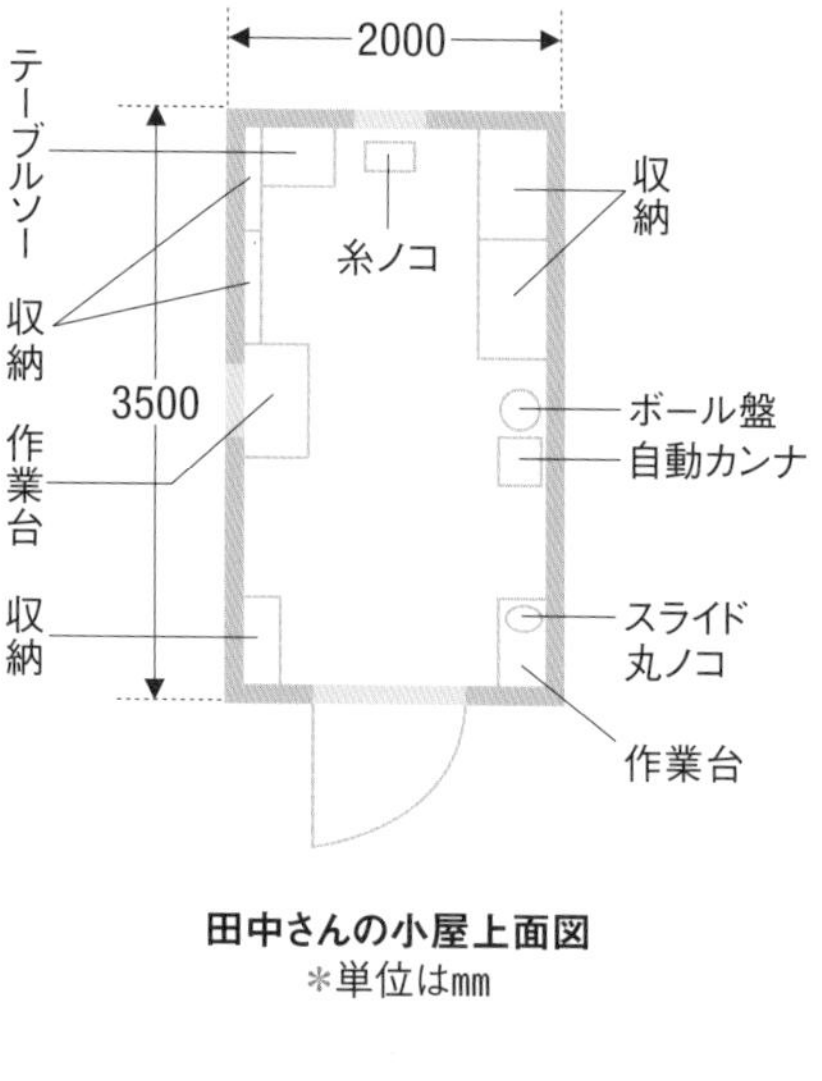

田中さんの小屋上面図
＊単位は㎜

壁面を工具類の収納にフル活用、整理整頓が行き届いた工房。木工作業もはかどりそう

机の引き出しもきっちり区分けしてある。これなら物探しもラク、まさに一目瞭然

[製作者DATA]
田中竹男さん(69歳)
DIY歴30年

[小屋DATA]
製作日数…約1年
製作費用…約160万円
延べ床面積…7㎡
工法………丸太組み工法
基礎………ベタ基礎
外壁………パイン材
床…………パイン材
屋根材……スレート材

ログの端材を利用した自作の作業台。下にはキャスター付きの卓上カンナ収納箱が収まる

スライド丸ノコを置いた作業台は脚をつけず壁に作りつけており、集じん機の出し入れがスムーズ

広い菜園をバックに、こんなかわいいキッズハウスができた。
親たちが農作業や収穫に精を出す間、子供たちはこの隠れ家で遊ぶ

File 15 オリジナル

千葉県君津市
カズサ愛彩ガーデンファーム

Part 2
DIYer's Tiny House Collection
手作り小屋実例集

親たちは野菜作り、子供たちは遊びに没頭できる!

クライミングウォール付きで遊具感覚で遊べるキッズハウス

写真◎伊勢和人

東京からアクアライン経由で1時間という千葉県君津市の久留里地区に広がる3万㎡の大地にオープンした会員制体験型リゾート農園「カズサ愛彩ガーデンファーム」。週末には家族で収穫を楽しむ光景が見られる。

菜園スタッフの依頼で、木工家の白井紀さんが、クラブハウスの近くに作ったのが、子供たちのためのかわいい高床式のミニハウス。

夏の強い日差しを避けるために、立ち木（ツゲ）の下を施工地に選び、床の高さは「これ以上高いと危ないし、これ以上低いとつまらない」という絶妙な高さ800㎜になった。施工にあたっては図面を作らず、その場その場でサイズを決めていく現物合わせ。まず、3本の立ち木の幹が床から飛び出ている不定形のデッキを作り、その上に2×4工法によるミニハウスを立ち上げた。2×4工法の場合、普通枠板は2×4材を使う

[製作者DATA]
白井 紀さん（64歳）
DIY歴40年

[小屋DATA]
製作日数…5日
製作費用…15万円
延べ床面積…4.5㎡（デッキ分含む）
工法………2×4工法
基礎………独立基礎
外壁………ウエスタンレッドシダー
床…………ウエスタンレッドシダー
屋根材……オンデュビラタイル

が、ここでは2×6材を半分に割いた材を使用、つまりスケールダウンサイズの2×4工法。メインの階段は子供たちが安全によじ登れるように幅広のクライミングウォール風とした。ハウスの中は確かに狭いが、子供たちにとっては、大人の世界からのひとときの隔絶感を楽しむ解放区になっているようだ。

キッズハウスの周囲は、遊具が置かれ、子供たちの楽しい広場になっている

夏の強い日差しを避けるために、立ち木のそばに建てた

枠板はすべて2×6材を半分に割いたもの。つまり幅約70㎜の材を使っている

階段は、クライミングウォール風の上り坂風に。このほうが安全

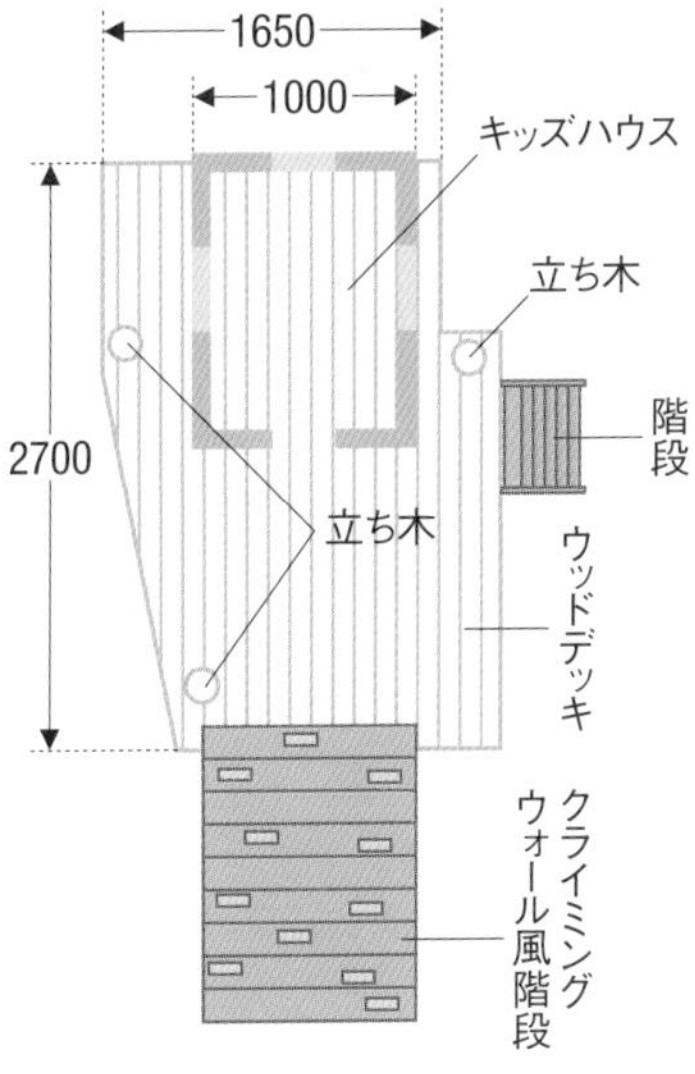

カズサ愛彩ガーデンファームの小屋上面図
＊単位は㎜

各面に開口部を作った。
窓はアクリル板を使用

窓はこのように開閉する。窓を開けて外を眺めることができる

3本のメタセコイアの木をフル活用

子供たちが遊べる設備がたくさん！ 地上高7mのファミリーツリーハウス

写真◎谷瀬 弘

幼なじみコンビが30年ぶりに再会し、意気投合して作ったツリーハウス。入口の階段からツリーデッキ下段、最上段のデッキ&小屋へと続く

庭のコーナーにある3本のメタセコイアを利用して作ったツリーハウスは、見てのとおり、家族みんなの憩いの場。2段のツリーデッキの上に立つその小屋の高さは、地上から約7m。まさに空中秘密基地だ。

ユニークなのは小屋とデッキを支える受け木（丸太）の固定方法。ツリーにボルトを貫通させるわけでも、板材をサンドイッチするわけでもなく、なんと枝の上に丸太を載せ、ワイヤーでほかの枝から吊っているだけ！ さすがに製作途中で丸太がたわみ、急いで下から支柱を入れたそうだが、そのチャレンジ精神とやる気は本物。設計図もイメージも、足場すらなし（！）でここまで作っちゃったというから恐れ入る。

完成したツリーハウスは、ブランコをはじめ、デッキ床板の一部を開閉式にして昇降用ロープを吊るしたり、ミニリフトがついていたりと子供が喜ぶギミックが満載。庭に一歩出れば、このツリーハウス…なんともうらやましい限りです。

［製作者DATA］
堀田秀樹さん（42歳）DIY歴2年
水谷信也さん（40歳）DIY歴12年

［小屋DATA］
製作日数…約半年
製作費用…約20万円
延べ床面積…5.76㎡
工法………2×4工法
基礎………樹木&丸太支柱
外壁………ヒノキの野地板
床…………フローリング材
屋根材……アスファルトシングル

File 16 オリジナル

愛知県豊田市
堀田邸

堀田さんの小屋上面図
＊単位はmm

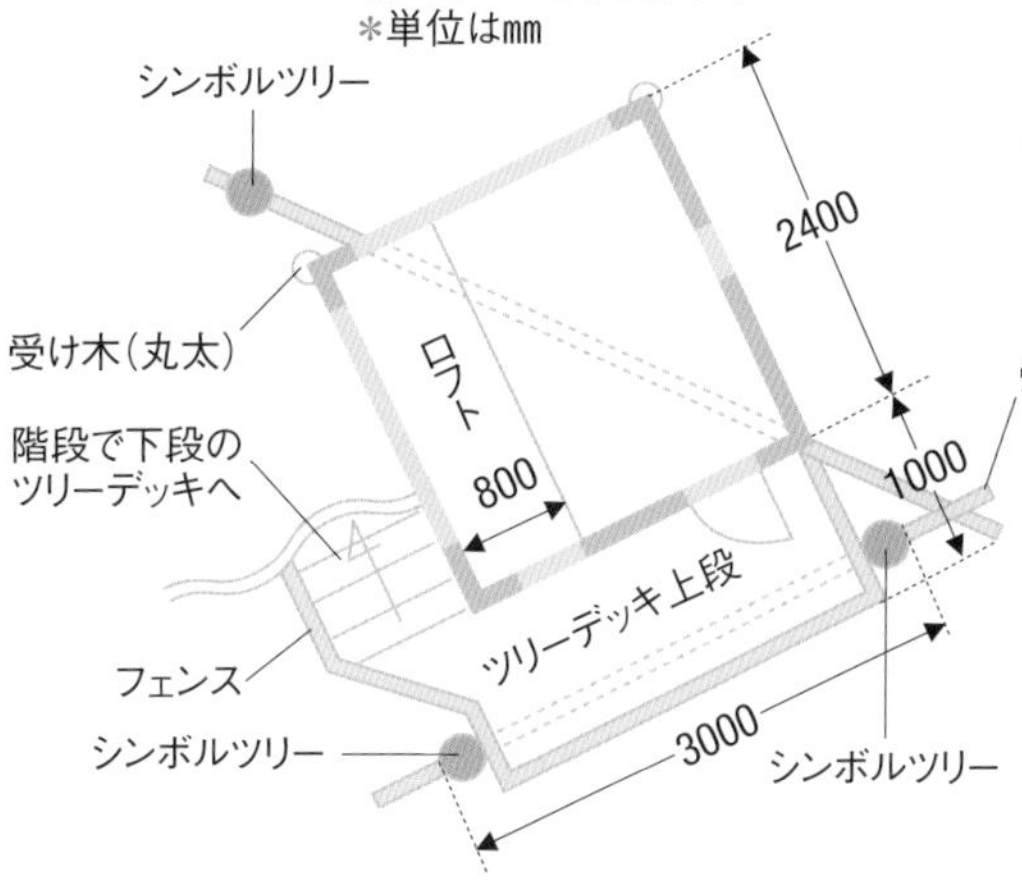

緑が青々と茂るころはこのように小屋のほとんどが隠れる（写真は堀田さん提供）

ツリーハウスは子供たちの格好の遊び場に。室内の半分にはロフトを設け、壁材は外壁、内壁ともに国産材のヒノキ野地板にカンナをかけた材を使用

下段のデッキ床板は一部開閉できるようになっており、昇降用のロープがある。子供たちは階段を使わず、ここから上がってくるそう

たわんだ受け木を補強するために追加した支柱

デッキと小屋を支える丸太の受け木は、見てのとおりホストツリーの枝に載せて固定。枝に重量がかかりすぎないよう、ほかの枝からステンレスワイヤーとターンバックルを伸ばし、丸太を吊り上げるようにして支えている

地上側のミニリフトの構造。カゴは自重で「スーッ」と地面に落ちていく

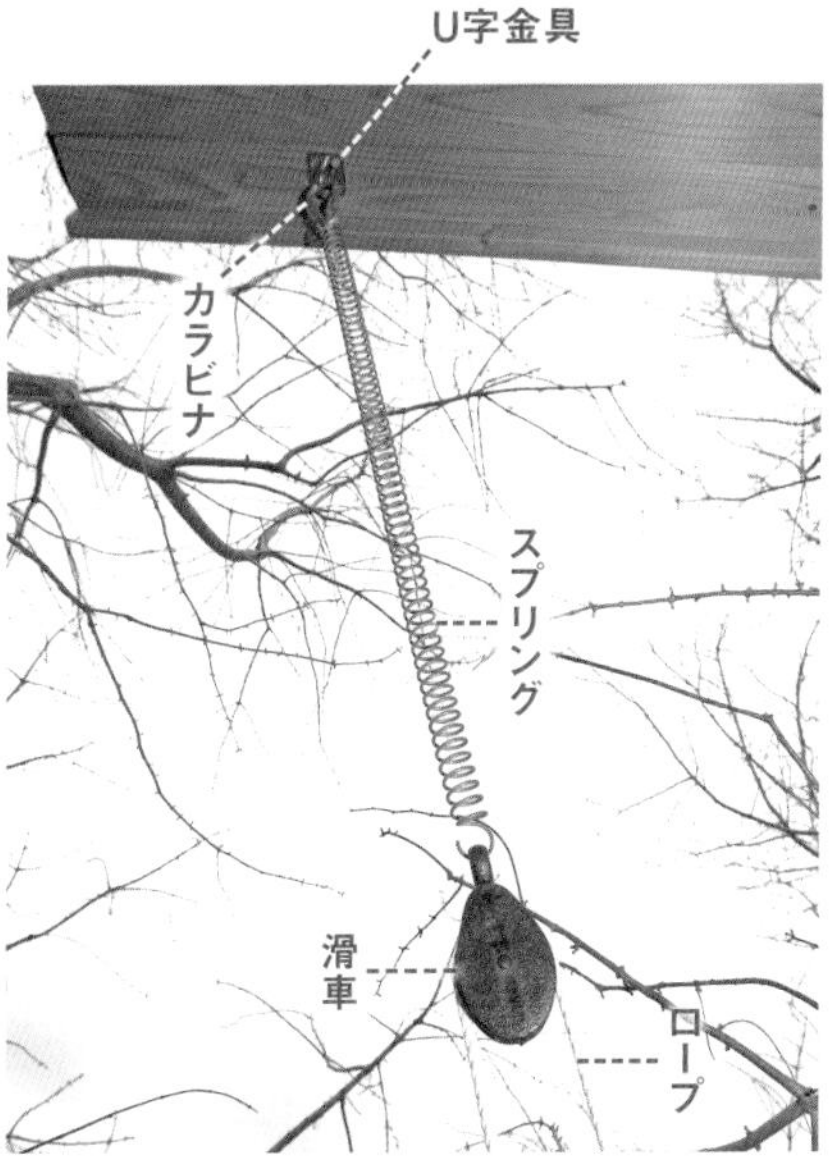

小屋側のミニリフトの構造。下からロープを手繰り寄せるとカゴが上がっていく

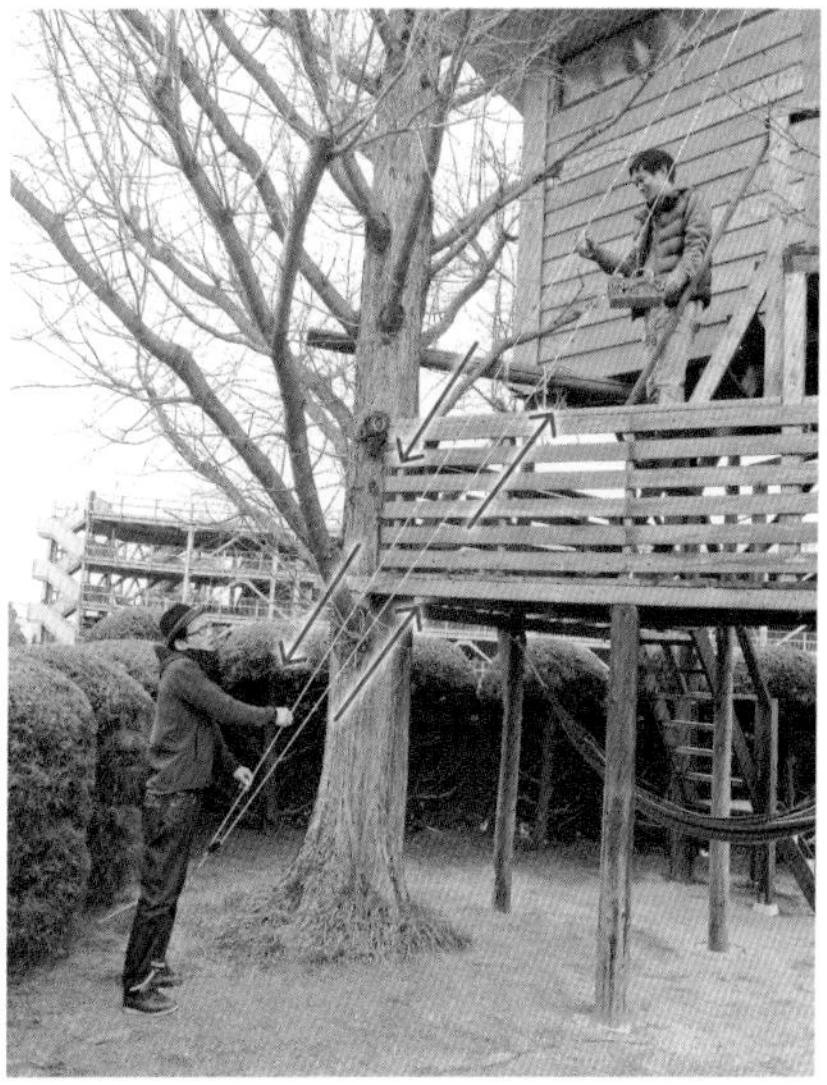

ツリーハウスを高い所に作ったため、自作したミニリフトを操作する堀田さん（右）と水谷さん。ロープと滑車を使い、カゴを上下させて物を運搬する

自作小屋のデザインは自由な発想で楽しもう

DIYで小屋を作るとき、デザインの可能性は無限に広がっていることを忘れてはならない。自分で作るから、そして小屋というミニマムな建物だからこそ、実現可能なデザインがある。その魅力的なチャンスを、思いっきり楽しんでみてはいかがだろうか。ここで紹介するのは、DIY雑誌『ドゥーパ！』にこれまで掲載された個性的な小屋の数々。いずれも創意あふれる姿で、見る者をも楽しませてくれる。

写真◎佐藤弘樹、伊勢和人、田里弐裸衣、清水良太郎、谷瀬弘、竹内美治、柳沢克吉、製作者の皆さん

偶然に生まれるデザインが面白い

アドリブ仕上げの廃材小屋

製作◎吉田哲朗さん

フロア材、窓枠、食器棚の引き戸、フォトフレーム、鉄板、トタン波板…あらゆる廃材を張り合わせて作った小屋。設計図はなく、手元にある素材を見ながらアドリブで組み立てる。それが楽しいのだとか。

和のツリーハウス

製作◎山田哲也さん&ワークショップ参加者

漆喰を手磨きでツルツルに仕上げた外壁や、その下の竹の格子組みなど、完全に和風にデザインしたツリーハウス。ホストツリーとともに小屋を支える2本のマツの丸太は、かんぬきで連結している。

マツ丸太の支柱は掘っ立て式。地中に1mほど埋めてある

鉄筋で作った自由なフォルム

製作◎長澤 靖さん

陶芸窯を設置するために作った小屋。独特の壁の形状は、鉄筋で作った骨組みにラス網を張り、モルタルを塗って作った。外壁の仕上げは漆喰。屋根は単管パイプで支えている。

愛嬌を感じさせるフォルム

内壁の下部をヒダ状にして補強している

キッズハウスとして利用している

土のう（アースバック）で作った小屋

製作◎臼井健二さん&ワークショップ参加者

土のうを積み上げ、表面に土を塗って壁を作ったアースバックハウス。独特の柔らかいラインと、周囲の自然になじむ色味が特徴的だ。自然木や草屋根との相性もバッチリ。

約450袋の土のうを使ったそう

壁の断熱材には古畳を使っているそう

ドアがない小屋

製作◎杉山則人さん&ワークショップ参加者

シダーシェイク張りの外壁を持つこの小屋、実はドアがどこにもない。各壁面についている窓から出入りするのだ。写真正面の棚は、窓への階段としても使えるというわけ。

ふぞろいの流木が作り出す不思議なデザイン

流木を張り連ねる

製作◎山口 暁さん

流木を張り連ね、独特の模様を浮かび上がらせた外壁が特徴的な小屋。屋根はスギ皮張り。素材のテイストそのままのワイルドな雰囲気が漂っている。

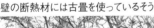

バンブーAフレームハウス

製作◎冨山 勝さん

復元された弥生式住居を参考に作ったというAフレームハウス。掘っ立て柱を逆V字形に組み、外面に山林から調達した竹を張って、野趣あふれるルックスに。

存在感たっぷりの佇まい

室内は土間。写真に写る囲炉裏のほか、ピザ窯もある

高さ4mのAフレームハウス

製作◎中嶋宏典さん

屋根兼外壁を下見張りで仕上げたAフレームタイプの物置。「見てくれ重視で、でかいわりにデッドスペースが多くて収納力が低い」そうだが、高くそびえる三角小屋の見てくれは、確かにナイス。

廃材を駆使して築いた三角小屋

絵を描くように造形する

製作◎武山穂高さん

キノコのような小屋の下地は、角材と合板で製作。壁は、ラス網を張り、モルタルを厚塗りして、最後に色粉を混ぜたモルタルを塗って仕上げた。屋根はモルタル造形。スプレー塗料を塗り重ね、レンガの焼きムラのような風合いを出している。

キッズハウスサイズの小屋

カラーリングで遊ぶ

製作◎田母神一彦さん、ドゥーパ!編集部

床面に出入り口を設けた高床小屋。外壁は、幅や厚みが異なる端材を5色に塗り分け、ランダムに張っている。色合いによってイメージもガラリと変わりそうだ。

端材を有効活用したアイデア

丸い屋根、丸いドア
製作◎中島亮作さん

子供のために作った、童話に出てきそうなプレイハウス。屋根は、9㎜厚の羽目板をしならせて垂木に固定し、その上にルーフィング、アスファルトシングル、人工芝の順で張っている。人工芝で草屋根の雰囲気を出すのが狙い。

丸ドアは直径1200㎜

室内は囲炉裏を備えたくつろぎ空間

愛嬌を感じさせるフォルム

ちょっと異形な小屋
製作◎鈴木健太さん

壁が斜めになった、将棋の駒のような形をした小屋。やや高床になっていて、ステップを上り、窓のようなドアから入室するのが面白い。ちょっとした非日常感を味わえる仕掛けだ。

外壁を柄で彩る
製作◎藤原良子さん、英樹さん

ウッドデッキ上に作った、愛犬と過ごすための小屋。足跡柄や骨柄に、製作者の愛情があふれている。外壁はモルタルを塗り、ピンクに塗装。ドア周りや窓周りの膨らみは発泡スチロールによるもの。屋根の形状も面白い。

外壁を柄で彩る

思いのままにデコレート
製作◎笹 亮太さん

屋根に生えたキノコ、ポリカーボネートにイラストを描いてステンドグラス風に仕上げた建具、ドアに張りつけたスコップなど、随所に遊び心が見られるガーデンシェッド。小さい小屋でもここまで楽しめる。

キノコは廃材を使ったチェンソーカービング作品

屋根材が鳥の巣ムード

巣作りに思いをはせる
製作◎山口 暁さん

鳥の巣をイメージして作ったという、その名も「KOTORIハウス」。自然界から適切な資材を集め、過不足ない見事な空間を創出してしまう鳥の巣作りは、小屋作りの原点かも?

床面積が合板1枚分の物置小屋を作る

片屋根のデッキ付き小屋を作る

キットでバイク用のミニガレージを作る

10㎡未満の小屋キットカタログ

Part 3

小屋作り 実践マニュアル

ここまで紹介したように、自力での小屋作りは決して難しくない。周到な準備と無理のないプランさえあれば、誰もがセルフビルダーの栄誉を担えるのだ。ここでは、初級者向け、中級者向け、さらにより手軽なキットハウスと、三者三様の小屋作りを実践し、そのプロセスをわかりやすく解説してみた。リアルにトレースしてもよし、自分なりにアレンジしてもよし。小屋作りの魅力をたっぷりと味わってほしい。

Tiny House Construction Manual

初級者向け

床面積が合板1枚分の物置小屋を作る

サブロクサイズ（910×1820㎜）の合板を切らずにそのまま床に利用する物置小屋。サイズは小さいが、2×4工法に準じた作り方を採用しており、同様の手法でより大きい小屋を作ることもできる。また、物置ではあるが小窓をひとつ取り付けて、小屋作りの工程をひと通り実践できる設計としている。

施工◎ドゥーパ!編集部／写真◎佐藤弘樹、ドゥーパ!編集部／イラスト◎ドゥーパ!編集部

Step 1

プラン&準備
防水対策は居住可能レベル

床 面積のほか、壁の高さも合板のサイズを基準に決定した物置小屋。910×1820㎜という合板をできるだけカットせずに使用すれば、枠に使う2×4材も市販の6フィート（約1830㎜）サイズが無駄なく利用でき、効率がいい。また、カットしていない合板の四隅は正確な直角のため、それに合わせることで建物の隅を直角に仕上げることができるのもポイントだ。

2×4材の枠に合板を張ったパネルで壁や床を組み立てる2×4工法は、DIYで取り組みやすい手法。そのパネルの外面に防水シートを張り、外壁材を張る（屋根の場合はルーフィングを張り、屋根材を張る）という構造は、居住するための小屋にも十分通用する防水仕様で、サイズは小さいながらも、この物置小屋作りを経験すれば、小屋作りのノウハウはしっかり身につくと言っていい。

なお、作例では建物ができたところで完成としているが、物置として使用する場合、各自の収納物のサイズに応じて棚などを追加すれば、さらに使い勝手がよくなるだろう。

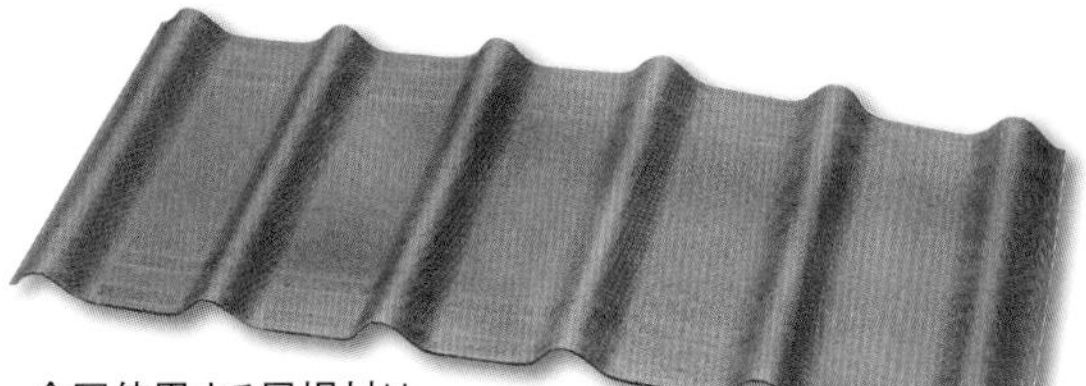

今回使用する屋根材は
オンデュビラタイル（シェードグリーン）。
上質感があり、しかも施工しやすいためDIYerにも人気

棟部分には
専用の棟カバーをつける

オンデュビラタイルは専用
キャップをつけたビスで留める。
雨が漏れにくく、見た目もいい

防水シート

ルーフィング

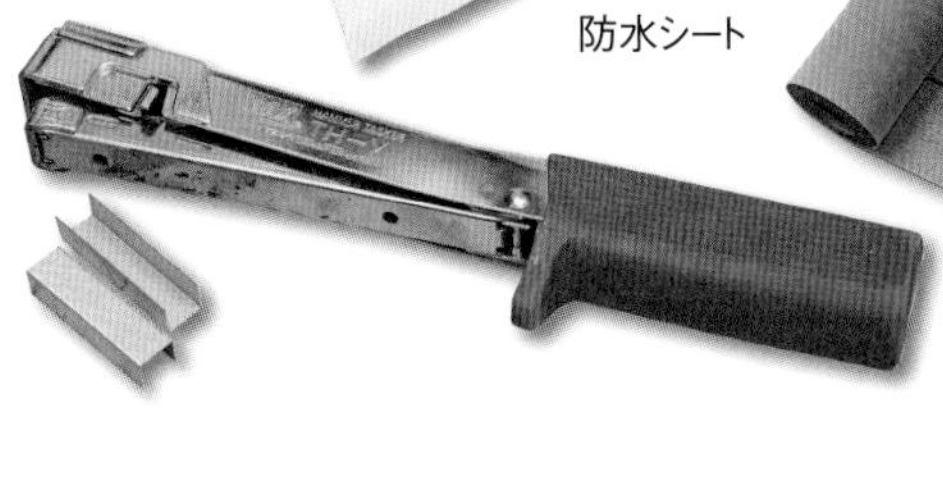

防水シートやルーフィングを張る道具、タッカー。大きいホチキスのようなもの

施工手順

基礎、根太、床の設置
▼
壁パネルの立ち上げ
▼
屋根材を張る
▼
壁材を張る
▼
窓とドアの設置

用意した資材

2×4材（12ft）	23本
4×4材（3ft）	1本
1×4材（8ft）	8本
1×6材（6ft）	7本
1×1材（6ft）	4本
針葉樹合板（12×910×1820㎜）	11枚
スギ板（12×180×1820㎜）	42枚
アカマツ野縁材（30×40×2000㎜）	1本
羽子板付き沓石	4個
ピンコロ石	2個
砂利（20kg）	3袋
セメント（25kg）	1袋
砂（20kg）	3袋
ルーフィング	1×約5m
屋根材（オンデュビラタイル）	15枚
屋根材（オンデュリン棟カバー）	3枚
オンデュリン専用キャップ	80個
防水シート	1×約13m
アクリル板（3㎜厚）	290×390㎜
蝶番	2組
塗料（サドリンクラシック・コニファー色）	4ℓ缶
ビス（35/45/75/90/120㎜）	適宜

用意した主な道工具

電動工具	丸ノコ、インパクトドライバー（ドライバービット、10㎜径ドリルビット、アクリル板用4㎜径ドリルビット）
手工具	カナヅチ、ノコギリ、ノミ、タッカー、カッター
計測道具	水平器、スコヤ、メジャー、サシガネ
その他	クランプ、脚立、トロフネ、練りクワ、ハケ、ペール缶

Step 2

基礎、根太、床の設置

根太で水平を調整する

小屋を作るには、まず基礎が必要。地面に直に小屋を立てると、湿気によって腐りやすいし、水平に立てるのが難しい。

さて小さい小屋では、基礎から床までをセットで作るのがおすすめ。最初に床を張る根太を組み立て、その根太を、基礎の配置や床の水平の基準にすると効率的だ。

基礎は、基礎石を使った独立基礎が簡単。四隅には、束柱をビスで固定できる羽子板付き沓石を使う。その他は安価なピンコロ石を設置し、その上に束柱を載せる。基礎石は600〜1200㎜の間隔を目安に配置する。

なお、ここでは基礎石をモルタルで固定して万全を期しているが、一般的には埋め戻した土で固定するだけでも大丈夫だろう。

施工手順

まず根太を組み立てる。単純なビス留めでOK。75㎜ビスを使用

施工場所に根太を仮置きして、基礎石の設置場所を決める

基礎石の設置場所に穴を掘り、底を突き固めて砂利を敷く。穴の深さは100㎜程度、砂利の厚さは30〜50㎜程度。穴は広めにしておくと、手順07で基礎石の位置を調整しやすい

砂利の上にモルタルを敷く。モルタルは砂3:セメント1で混ぜて水で練ったもの。厚さは30㎜程度

モルタルの上に基礎石を設置。水平器を使って水平に調整する。基礎石の羽子板は内側に配置する

四隅の基礎石の上面がほぼ水平になるよう調整する。アルミアングルなど真っすぐな棒の上に水平器を載せれば、間隔があいた箇所の水平も確認できる。この段階では、だいたい水平ならOK

根太を四隅の基礎石に載せ、基礎石の羽子板と根太の間に束柱がきっちり収まるよう、基礎石の位置を調整する。束柱の高さはおよそ150㎜

羽子板を介して、基礎石と束柱をビスで固定する

根太を束柱より10㎜ほど高い位置に持ち上げ、水平に調整してから、根太と束柱をビス留め。この段階で、きっちり水平にする。クランプで固定しておくと作業が楽

四隅以外の穴にもモルタルを敷き、基礎石を設置。束柱の長さを決めるため、基礎石の上面から根太上端までの寸法を測る

根太上端より10㎜ほど低くなるよう束柱を切り出して、基礎石の上に載せ、根太にビス留め

さらに基礎石の下側をモルタルで固定しておけば強度は万全

基礎石の周囲の土を埋め戻し、根太に合板をビス留めして床の完成

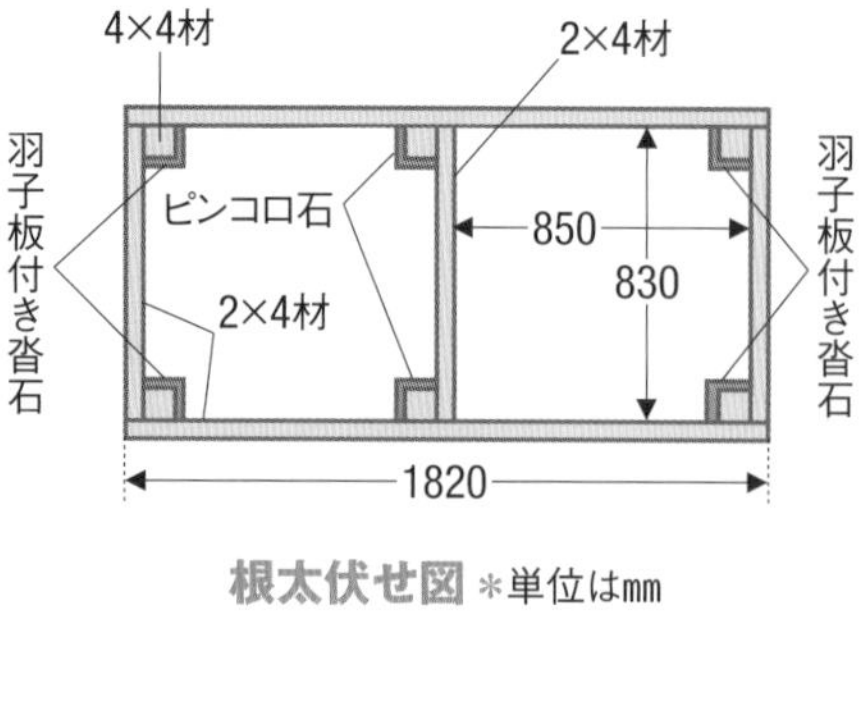

根太伏せ図 ＊単位は㎜

Step 3 壁パネルを立ち上げる

骨組みを立ち上げ、合板を張る

まず、正面、後面、左右側面の4つの壁枠（骨組み）を個別に組み立てる。ここではドア、窓をひとつずつつける設定にしてあるが、建具をつける面は、建具のサイズ、配置を考慮して壁枠を設計する。

続いて、それぞれの壁枠を床にビスで固定するとともに、壁枠同士もビスで固定する。

さらに、壁枠に合板を張って壁を作るが、このとき壁枠の隅を合板の隅にぴったり合うよう矯正しながら張るのがポイント。合板は、カットしていない市販の状態では隅が正確な直角なので、それに合わせれば壁の隅がきれいな直角になる。

01 正面の骨組みを組み立てる。ドアをつける部分は空けておく

02 後面の骨組みを組み立てる。窓をつけるために、このような設計になっている

03 両側面の骨組みを組み立てる

04 それぞれの骨組みを床に固定する。床下に土台がある部分に90㎜ビスで留める

05 骨組み同士を75㎜ビスで固定する

06 すべての骨組みを固定

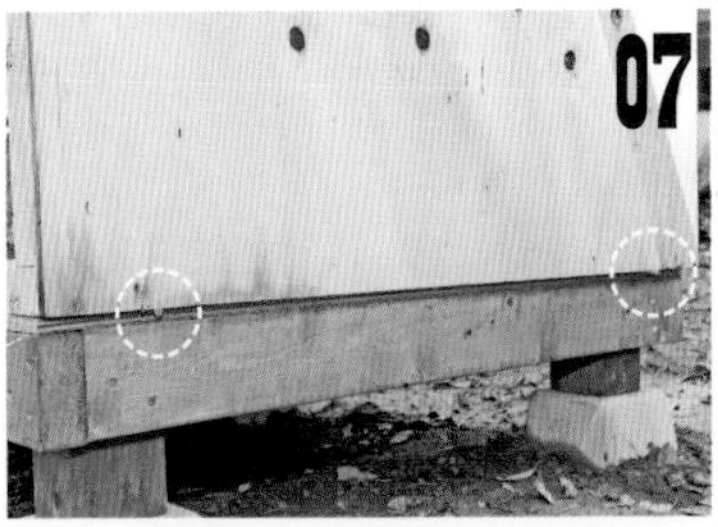
07 続いて骨組みに合板を張るが、このように仮打ちしたビスの上に合板を載せておくと楽に作業できる

08 骨組みと合板の隅をぴったり合わせてビス留めする。45㎜ビスを使用

09 先に、合板をカットしないで張れる部分を張る

10 ドアの両脇には、骨組みの寸法に合わせて割いた合板を張る

11 窓をつける部分は、いったん合板を仮留めして、現物合わせで切り抜き線を墨つけする

12 ジグソー、丸ノコ、ノコギリなど使いやすい道具で窓部分を切り抜いた合板を張る

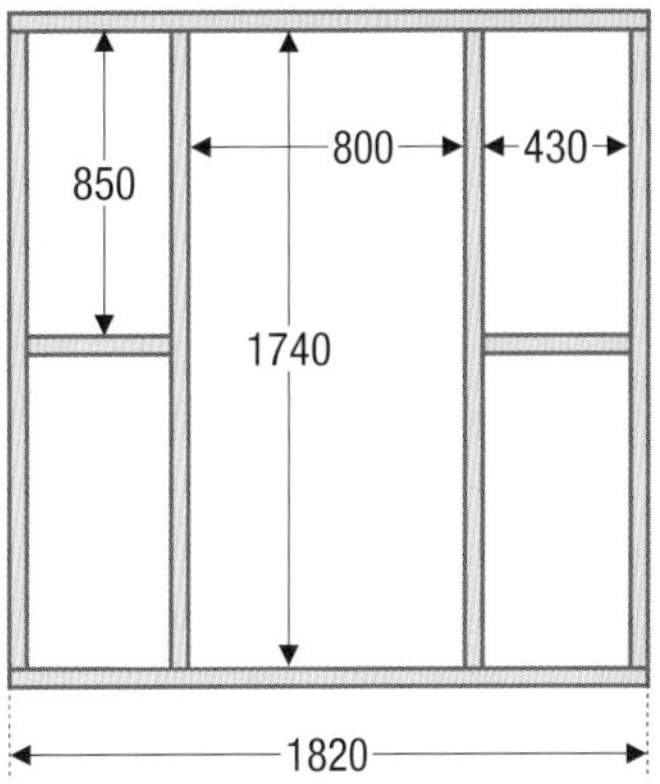

壁パネルの骨組み
正面図

＊すべて2×4材
＊単位は㎜

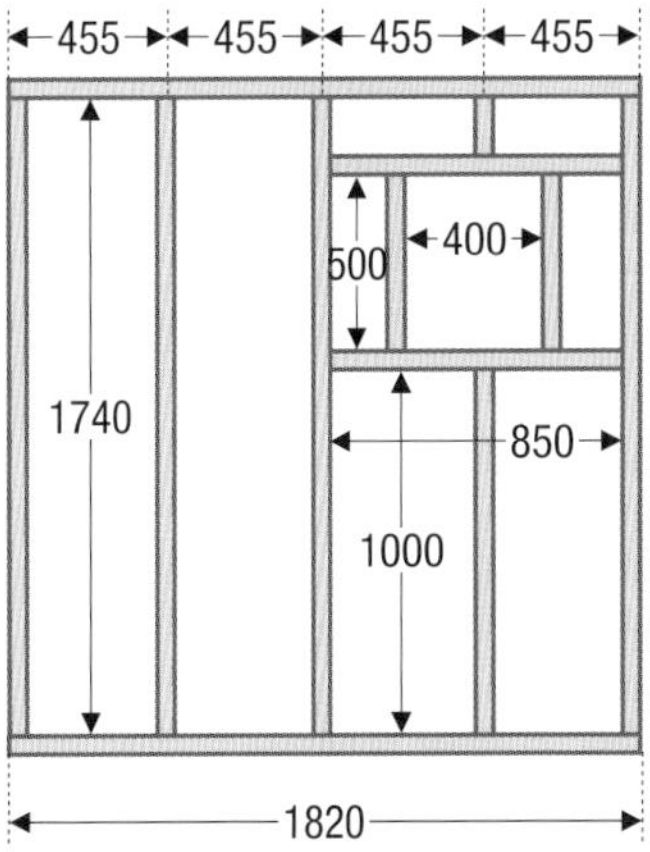

壁パネルの骨組み
後面図

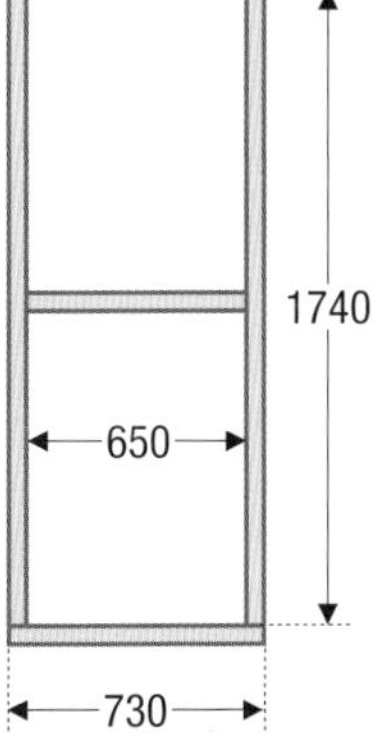

壁パネルの骨組み
側面図

Step 4

屋根材を張る

屋根材のサイズに合わせて骨組みを作る

ここでは、屋根は片流れというシンプルな形状に設定してある。作りやすく、DIYでの施工例が多い形状だ。

大まかな手順は、壁の上に骨組みを作り、全体を合板で覆い、ルーフィングを張って、屋根材を張るというもの。

骨組みを作る際に忘れてはならないのが、屋根材に合わせて桟を配置すること。屋根材はビスやクギで固定するが、桟がないとビス・クギの先端が合板を突き抜けて室内にあらわになるし、何よりそんな状態では屋根材をしっかり固定できているとはいえない。桟の間隔は屋根材によって変わるので、適切に配置しよう。

屋根の勾配は適当で構わない。ただ、あまりゆるやかだと雨流れが悪く、水がたまるおそれがあり、逆に急すぎると屋根上の作業が危険になるということは念頭においておこう。

なお、ここでは骨組みをある程度組み立ててから、壁の上に載せている。壁の上で組み立てるよりも作業しやすいからだ。ただし、あまり多くの部材を組み立ててしまうと、重くなり持ち上げづらくなるので要注意。3、4人で作業する場合にはおすすめの方法だ。

屋根の骨組み 正面図

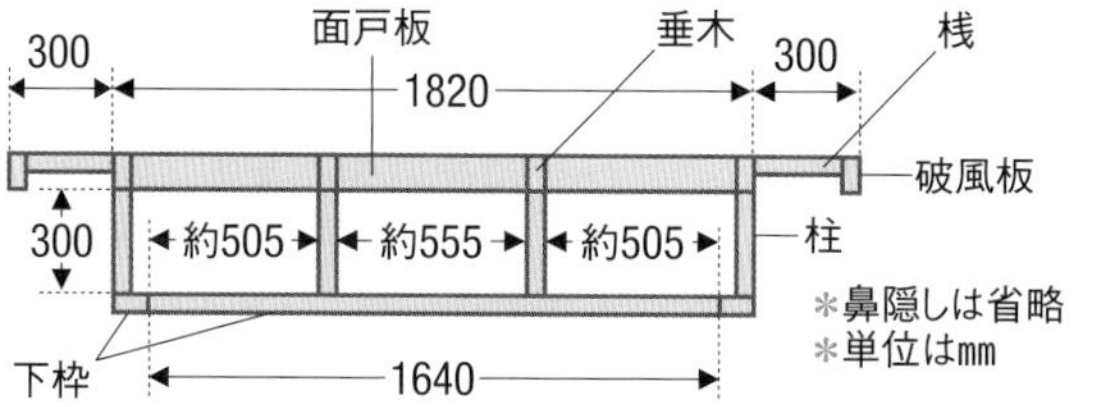

屋根の骨組み 側面図

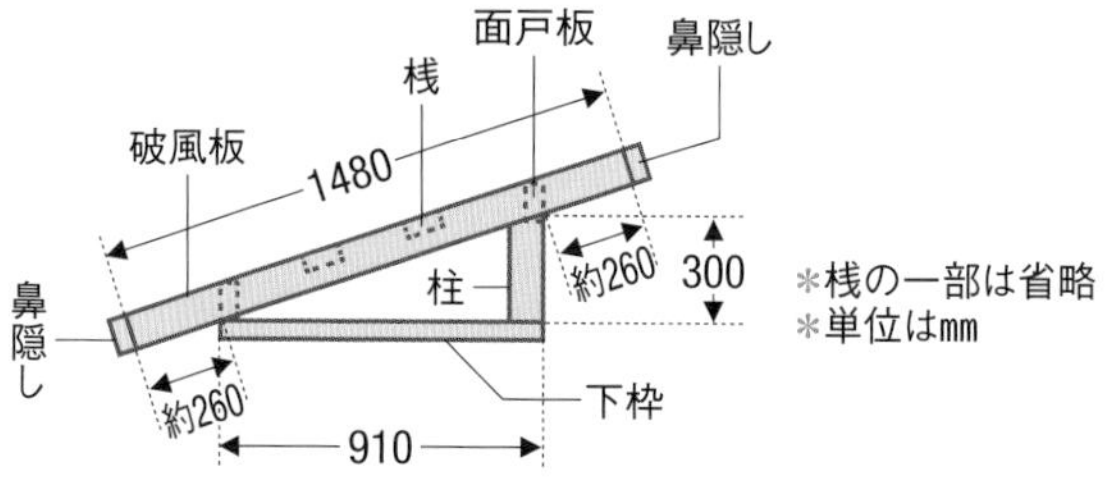

屋根の骨組み 上面図

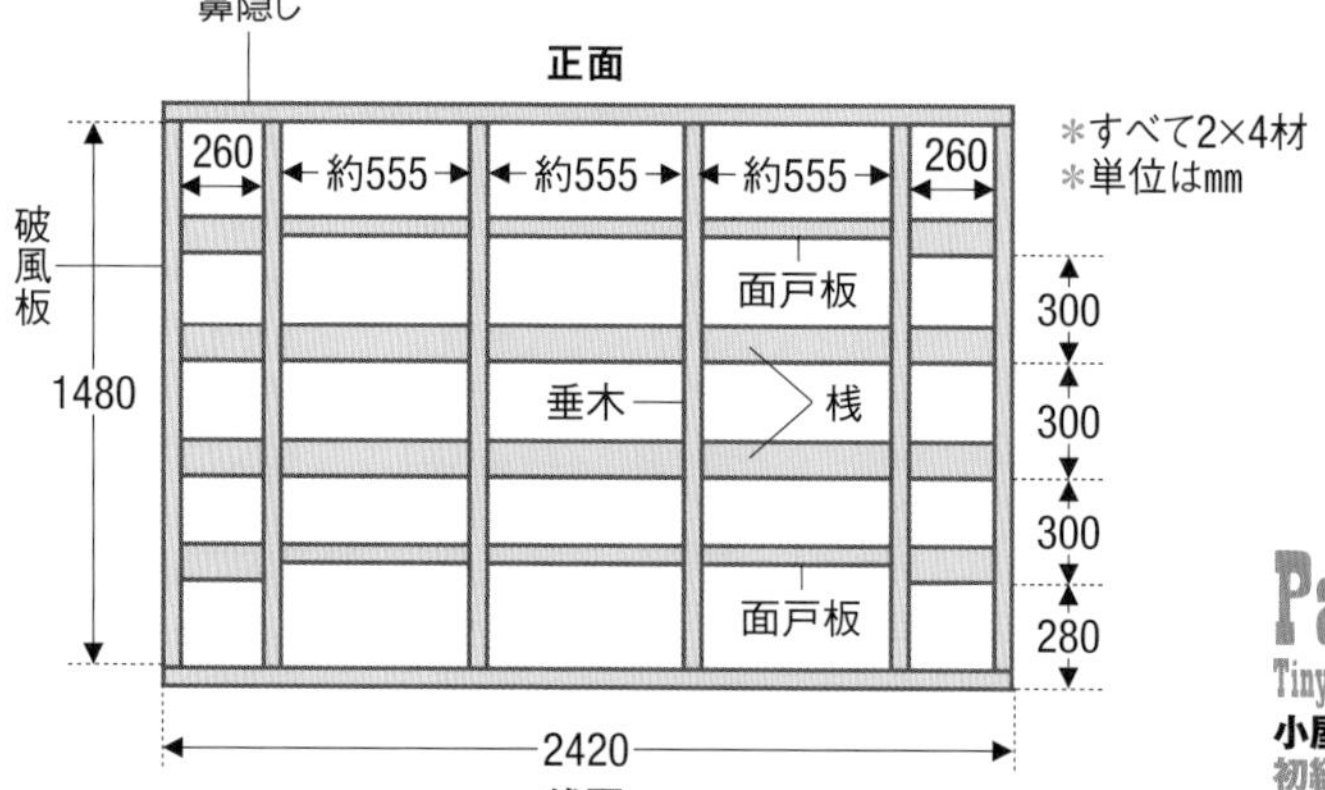

現物合わせで屋根勾配を決める。正面壁枠の上に柱材を立てて仮留めし、柱材の適当な高さから後面壁枠の上に垂木材を渡してクランプで仮留め。見た目で勾配を決めたら、柱材に垂木の下端の位置を墨つけする

手順01でつけた墨線どおりに柱材をカット。最初の1本を型にして、同じ寸法、角度にカットした柱を必要な数だけ用意する

柱を、屋根の骨組みの下枠にビスで留める

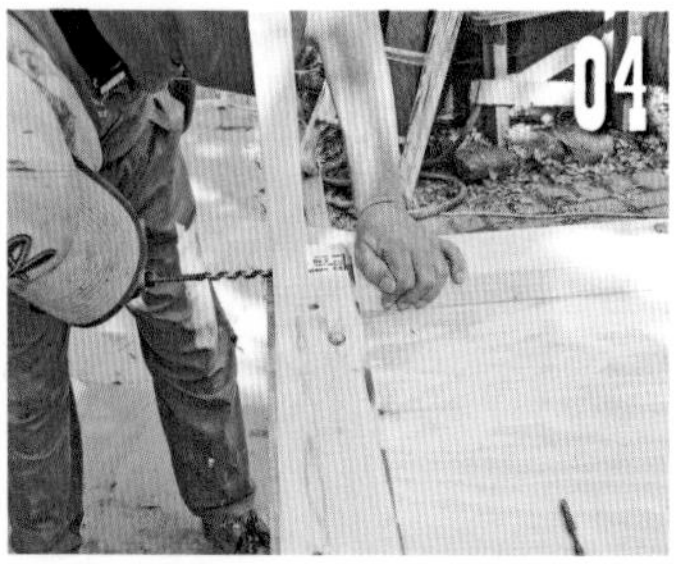

下枠同士を固定する。ドリルで座掘りしてから120㎜ビスで留める

下枠と柱を組み立てた状態

柱に垂木を固定する。ドリルで座掘りしてから120㎜ビスで留める

後面は下枠に直接、垂木を固定。裏から90㎜ビスで留める

垂木がついた状態

鼻隠しと破風板をつける

組み立てた骨組みを壁の上に載せる

面戸板をつける。垂木の裏面から75㎜ビスで留める

垂木の裏面からビスを打てない箇所は、このように斜め打ちで留める

前後の面戸板をつけた状態

桟をつける。固定方法は面戸板と同様

野地板（屋根の下地）として合板を張る。合板の継ぎ目がちょうど垂木や桟の上になるよう、適当なサイズにカットしておく

タッカーでルーフィングを張る。雨が漏れにくいよう、ルーフィングは横向きに、下列から張るのが鉄則

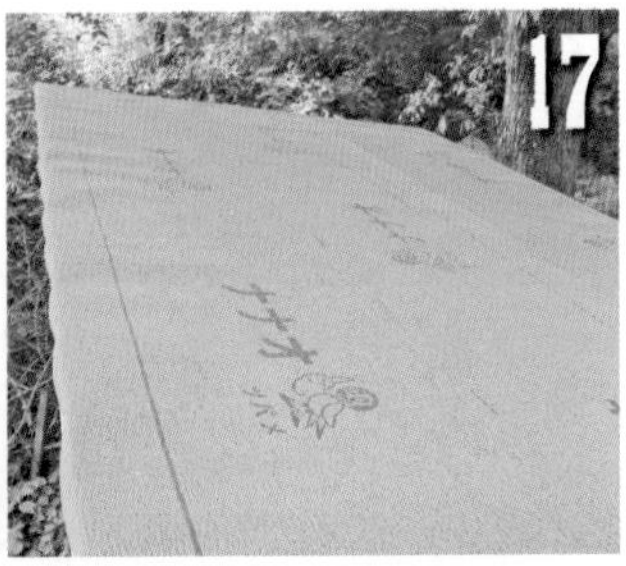

ルーフィングを張り終えた状態。下列と上列の重ね幅が大きいほど雨が漏れにくい。合板の断面まで包むように張る

屋根材を張る。ルーフィング同様、下列から張るのが鉄則

屋根材を張り終えた状態

棟部分をくるむように棟カバーをつける

屋根の完成。オンデュビラタイル、棟カバーともにカッターで切れるので、大きくはみ出た場合はカットする

Step 5

壁材を張る

下見張りで仕上げ、コーナー板をかぶせる

合板の壁に防水シートを張り、その上に外壁材を張る。外壁の仕上げ方はいろいろあるが、ここではDIYによる小屋作りでは最もポピュラーといえるスギ板の下見張りで仕上げる。

下見張りは、ちょっとした自作ジグを用意するだけで、スピーディーかつ正確な作業が可能になる。

下見張りの場合、コーナー板をかぶせるのが一般的。そのため、コーナー板で隠れる部分は多少雑でも問題ない。また、ここではスギ板を留めるにあたり、最終的に表面に出ない部分にはビスを使い、表面に出る部分は頭が目立たないクギを使っている。ビスやクギは、裏に壁の骨組みが通っている位置に打つよう注意しよう。ビス・クギの先端が室内に飛び出していないか、ときどき確認しながら作業するといい。

01 屋根の骨組みの壁面に、現物合わせでカットした合板を張る

02 防水シートをタッカーで合板に留める。防水シートは下列から張るのが鉄則。その後、ある程度重ねて上列を張ると雨が入りにくい

03 防水シートを張り終えた状態

04 開口部の上と左右にドア枠をつける。合板面より40㎜外に出るようにつける

05 窓枠をつける。ドア枠同様、合板面より40㎜外に出るようにつける

06 外壁を下見張りで張っていく（P33参照）

07 垂木に干渉する部分は切り欠く。切り欠きたい部分の両端に丸ノコで切り込みを入れ、ノミで欠き落とす

08 垂木部分を切り欠いた板

09 切り欠いた板を前面の上端に張る。側面の上部には現物合わせで斜めにカットした板を張る

10 後面は骨組みの位置がわかりにくいので、あらかじめ骨組みの位置を示す線を引いておくとスムーズに作業できる

11 下見張りが完了したらコーナー板をつける。側面のコーナー板は上端を斜めにカットする

12 下部のドア枠をつける。下からビス留めするとビス頭が見えずスマート。座掘りしてから90㎜ビスを打つ

13 下部のドア枠がついた状態

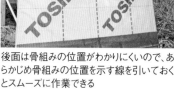

14 SPFの場合、外側はすべて塗装する

Step 6 窓とドアの設置
すき間を大きめに取り、建具を取り付ける

最後に建具をつけて、小屋の完成。

ただ、建具を精密に収めることは実は簡単ではない。そのためには建具も枠も四隅が直角に仕上がっていることが前提となるが、材のねじれや反りもあり、なかなかうまくいかない。

そこで、ここでは建具と枠の間に上下、左右とも10㎜という大きなすき間を空ける設定としている。これなら建具、枠の仕上がりの精度が多少低くても、無事に収まるはず。すき間は戸当たりをつけることでふさげる。

蝶番を使って、ドアを枠につける

ドアがついた状態。端材でラッチを作っているが、ラッチ、取っ手などの金具は好みで選べばいい

戸当たりをつける。これでドアと枠のすき間もふさぐ

野縁材で枠を作り、アクリル板を張った窓。アクリルは下穴をあけてからビスで留める

蝶番を使って、窓を枠につける

戸当たりをつける。これで窓と枠のすき間もふさぐ

これで小屋の完成

完成正面。カラーリングによって、さまざまなイメージに仕上げられるはず

完成後面

完成内部。さらに棚などを取り付ければ物置としての使い勝手がアップする

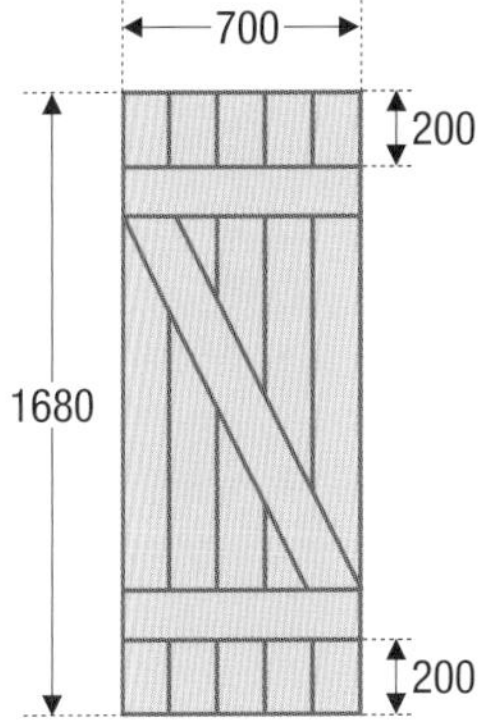

ドア正面図
＊すべて1×6材
＊単位は㎜

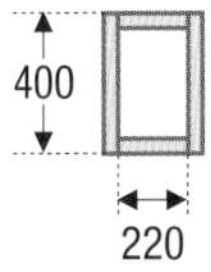

窓正面図
＊すべて野縁材（30×40㎜）。アクリルは省略
＊単位は㎜

片屋根のデッキ付き小屋を作る

3畳ほどの小屋にウッドデッキとパーゴラがついた多目的の小屋。
アクリルの両開きドアや窓を設置し、室内が十分に明るいのと、
室内から続くデッキでくつろげるので、
実際にはとても広く感じるのが大きなメリットだ。
使用木材の種類を減らしたり、難しいテクニックをなるべく避けていることなど、
DIY仕様にしていることも大きな特徴だ。

施工◎栗田宏武、小倉時義、麦嶋勇次、後藤太一、鶴岡正仁、ドゥーパ!編集部
写真◎伊勢和人、佐藤弘樹、ドゥーパ!編集部／イラスト◎丸山孝広

中級者向け

Step 1

プラン&準備
DIY向きの施工法で

明るい陽光をめいっぱい受け取るために開口部を広く取り、半野外的な過ごし方ができるパーゴラのあるウッドデッキを設置。風に吹かれながら、デッキ上で食事をし、お茶を飲み、仲間と語らう。本を読み、木工に没頭する。小屋の広さは、約5㎡と決して広くはないが、アウトドアアイテムやDIY道具の収納ばかりか、大人ふたりが寝泊まりすることも可能。

そして、今回の最大の特徴はDIY向きの仕様になっていることだ。

難しい箇所はほとんどない。インパクトドライバーや丸ノコなどの電動工具を含む基本的な道工具がそろっていて、大きな棚を作る程度の木工技術があれば、誰もがセルフビルドできるものを目指した。

まず使用する木材の種類が少ないこと（購入が便利、材の無駄が出にくい）。次にほとんど難しい接合がないこと（接合はすべて突きつけ）。そして、枠を組んで立ち上げ、合板を張り、面で強度を確保していくというパネル工法もまたDIY向きの施工法と言っていいだろう。妻壁の面倒な加工を避けて、3寸勾配程度の片流れの屋根にしてあるのもDIY向きだ。ただひとつだけ、若干面倒になりそうなのが、片開きに比べて収まりが難しくなる両開きのドアと窓だ。しかし、後述するようにひとつひとつの作業をていねいにやることによってクリアできるはず。

施工手順

基礎・根太、床の設置
▼
壁パネルの立ち上げ
▼
壁材を張る
▼
野地板・コーナー板・鼻隠し・破風板の設置
▼
屋根材を張る
▼
ドア&窓枠、トリミングボードの設置
▼
デッキ&パーゴラの設置
▼
窓&ドアの設置
▼
塗装

用意した資材

2×4材（10ft）	52本
2×4材（6ft）	30本
2×6材（10ft）	20本
2×6材（6ft）	22本
OSB合板（12×900×1800㎜）	17枚
スギ板（1束10枚入り 12×180×1800㎜）	4束
スギ板（1束10枚入り 12×150×1800㎜）	2束
アクリル板（5×900×1800㎜）	2.5枚
コンクリート平板（60×300×300㎜）	10個
ルーフィング 21kg	1巻き+α
屋根材（オンデュビラタイル、棟カバー、専用キャップ）	7㎡分
蝶番（ウエスタンヒンジ）	大2組、小2組
ラッチ（ウエスタンラッチ）	1個
塗料（キシラデコール・ワイス&ブルーグレイ）	適宜
ビス（38/65/75/90㎜）	適宜
丸クギ（50㎜）	適宜

用意した主な道工具

電動工具	丸ノコ、インパクトドライバー（下穴錐&ドリルビット付き）
手工具	カナヅチ、ノコギリ、タッカー、カッター、バール
計測道具	水平器、チョークライン、丸ノコ定規、留めスコヤ、メジャー
その他	脚立、延長コード、スコップ、ブルーシート、ハケ、ペール缶

用意する木材。構造材は2×4材と2×6材の2種類のみ。ほかにスギ板と合板

基礎石は、60㎜厚のコンクリート平板を用意

屋根材は、オンデュビラタイル。波板と棟カバーを用意した

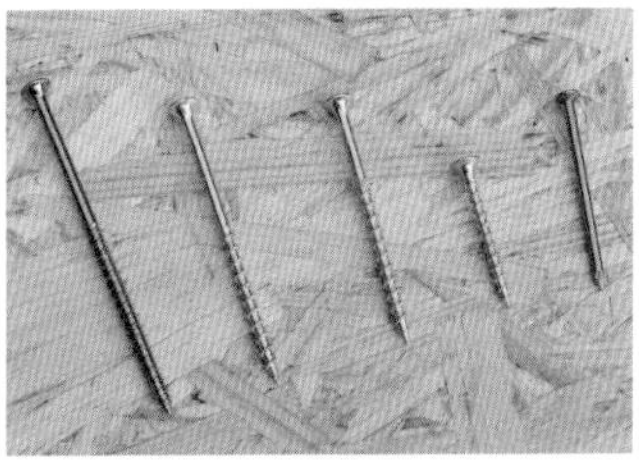
用意したビス、クギ類。左から90㎜ビス、75㎜ビス、65㎜ビス、38㎜ビス、50㎜丸クギ

金具類。蝶番は大小のウエスタンヒンジ、ドア用にラッチも用意

Step 2

基礎、根太、床の設置

最初に正確な外枠を組み敷石に載せる方法がDIY向き

家の基礎や根太というと、大変な作業に思えるが、今回のような軽くて小さな小屋の場合は簡略な方法でも大丈夫。地盤にもよるが、硬くて平坦な場所であれば、いきなり基礎石（今回はコンクリートの平板を使用）を置き、その上に四角く組み終わった根太の外枠を置くことからスタートすればいい。水平は外枠を置いてみてから、敷石を微調整したり、四隅に束柱（今回は2×6材で代用）を入れたりして微調整する。「これでいいの?」と思うくらい簡単だ。外枠が決まったら図のように内側の根太を取り付け、床材（今回はOSB合板）を張ればOK。910×1820㎜の合板が3枚ぴったり収まるはずだ。

施工手順

設置場所をなるべく平らにならしたら、根太伏せ図のプランどおりに基礎石（コンクリート平板）を置いてみる。正確じゃなくてもかまわない

根太（2×6材）の外枠を組み、基礎石の上に載せ、枠板が正確な四角形であることを確認する。正確な四角形を確認するためには、2本の対角線が同じ長さであることをチェックする方法が一般的だが、今回は写真のように任意の辺の真ん中とふたつの角の距離を測って確認する方法をとった。根太の組み付けは、90㎜ビス4本を使ってがっちりと

正確な四角形が確認できたら、仮留めの板で固定しておく

基礎石はこんな風に設置した

枠板の角に束柱の代用として2×6材を水平になるように微調整して取り付ける。ただし根太より上に飛び出てはダメ

こんなふうに2×6材を取り付ける

内側の根太を取り付ける

根太が組み終わった

根太の上にOSB合板を張っていく。合板3枚がぴったり張れるはず

合板の取り付けは50㎜の丸クギで。クギ位置は合板の下地に根太があるところになるが、正確を期すためにあらかじめチョークラインで墨つけをしている

合板を張り終えれば床が完成

根太伏せ図

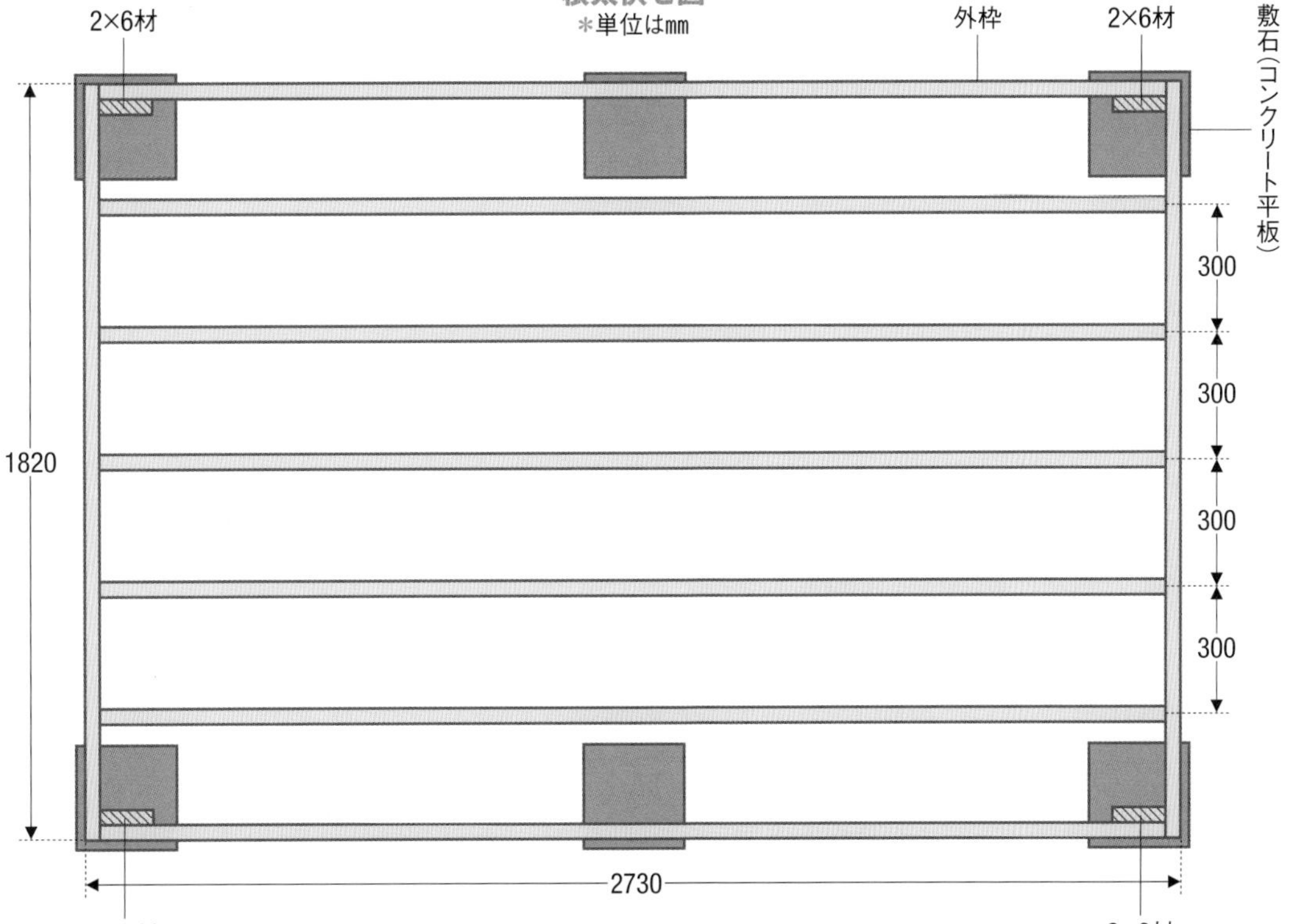

Step 3

壁パネルの取り付け

規格サイズの合板を基準に正確なパネルをチェック

2×4材で左右前後の枠板を図面どおりに組み、OSB合板（以下合板）を張って、床周りに立ち上げる。求められるのは、正確なカットと接合だ。規格サイズの合板は隣り合うパネルとピタッと合うはずなので、取り付けるときに、ずれがあれば、力技で強引に修正してしまおう。

2×4材で、窓のない側面の枠板を組む（図参照）。枠板の接合はすべて75㎜または90㎜ビスを使用

OSB合板（以下合板）を張る。このとき、合板は、あとで取り付ける妻壁のパネルが収まるように20㎜下にずらして取り付ける

床に立ち上げて、固定する。90㎜ビスでがっちり固定したい。合板は20㎜下にずらして張ってある

同様に、窓のある側の側面パネルを立ち上げる

同様に後面パネルを立ち上げる。両側の側面パネルの枠板ともばっちり接合すること

残った正面パネルを立ち上げる。このとき、合板が隣り合う合板とぴたっと合うようにすることが大切。合っていなかったら、力技で合わせるようにする。そのためにも合板は正確なカットが要求される

側面の上部の妻壁パネルを作る。まず合板を妻壁の形にカット。サイズ・形は次ページの図のとおり

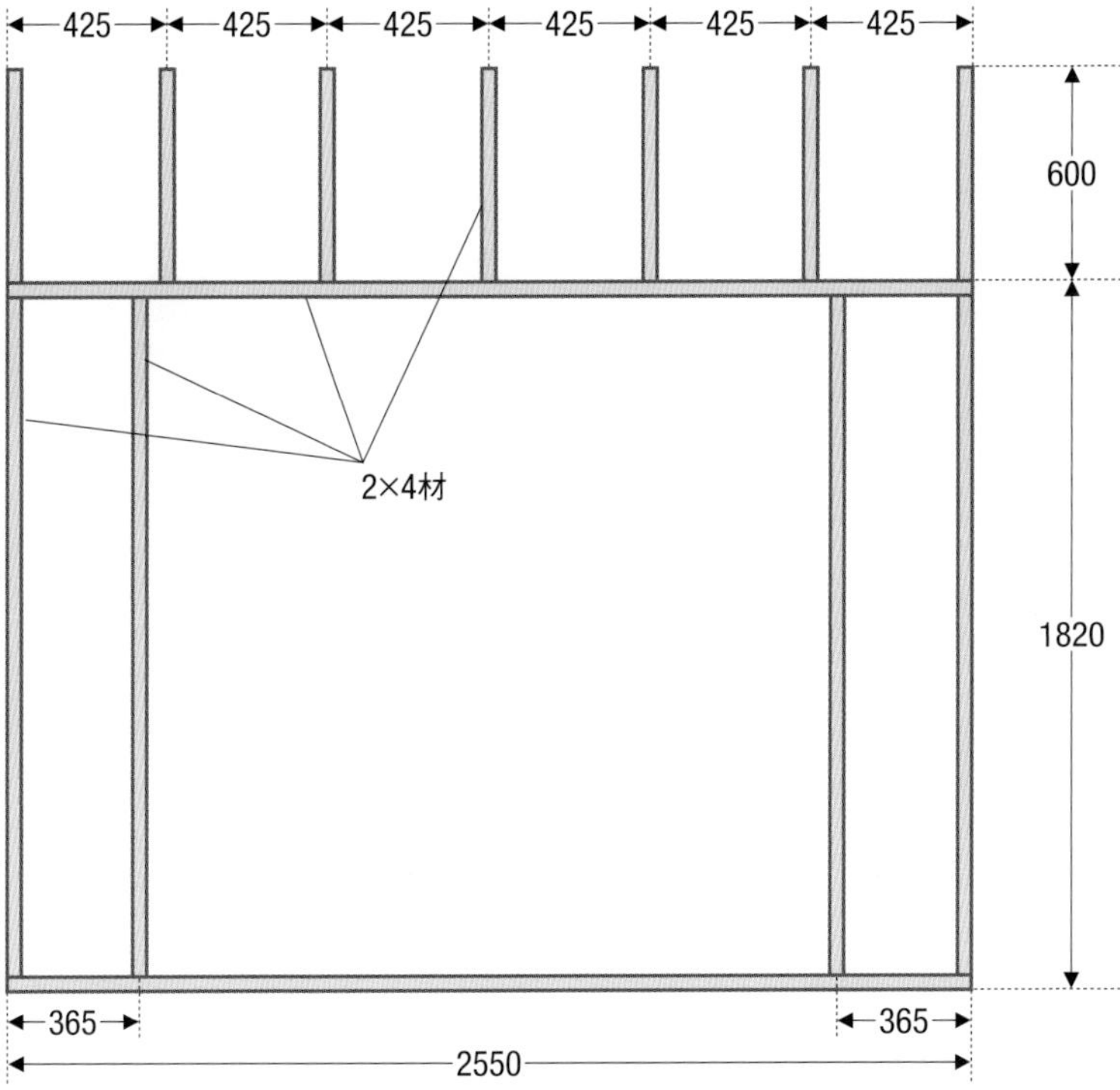

壁パネルの骨組み 正面図

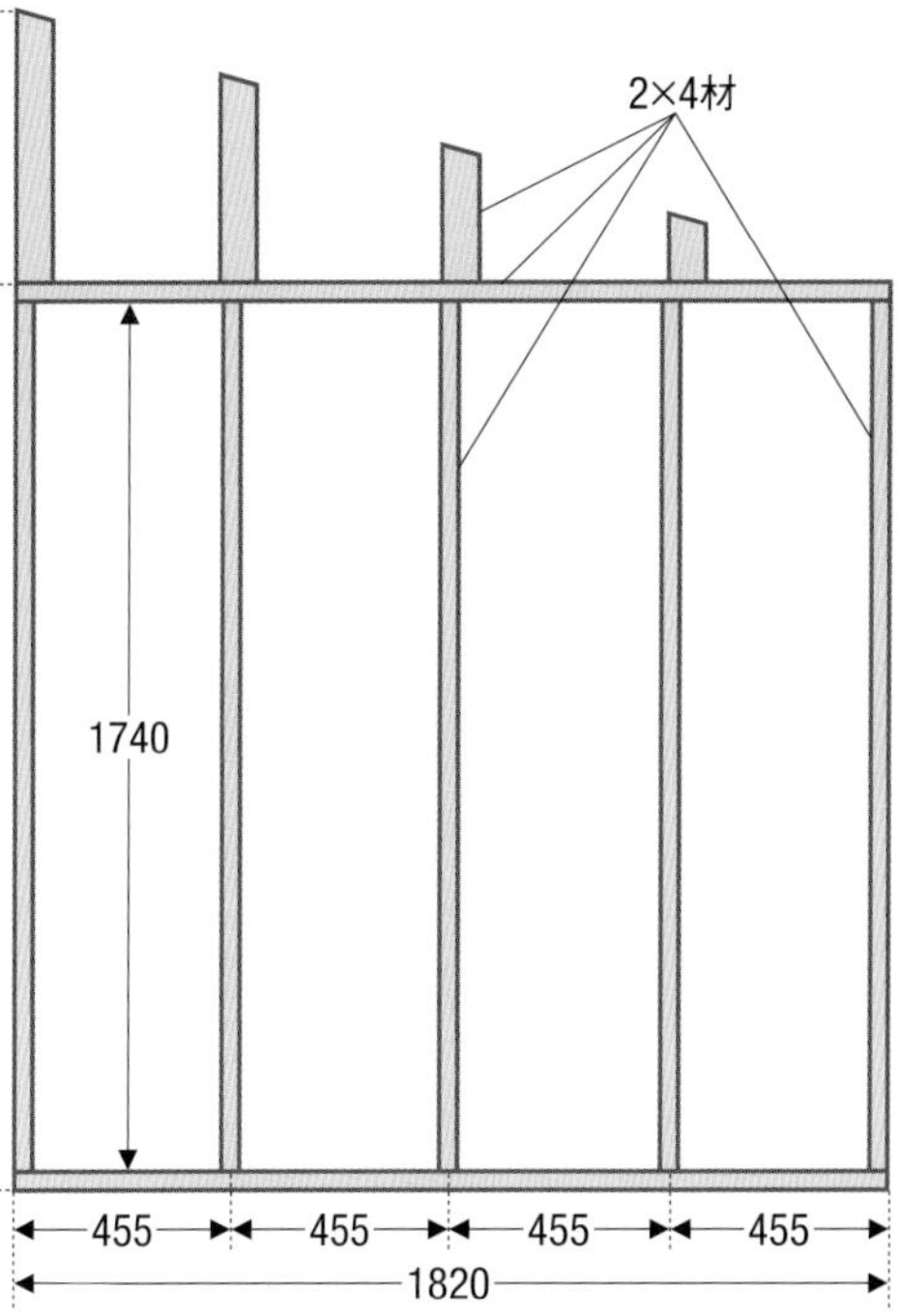

壁パネルの骨組み 側面図（窓のない側）

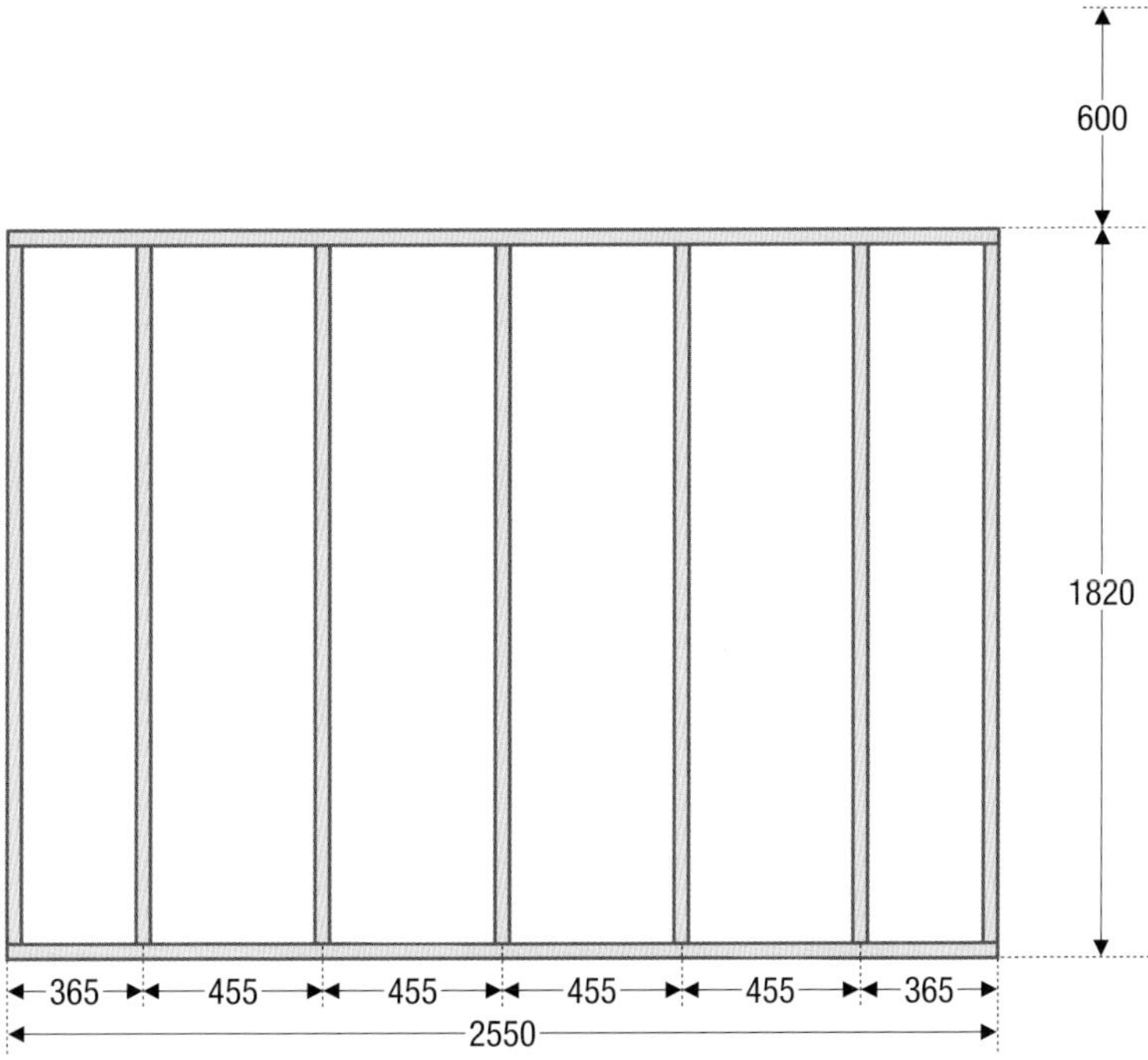

壁パネルの骨組み 後面図

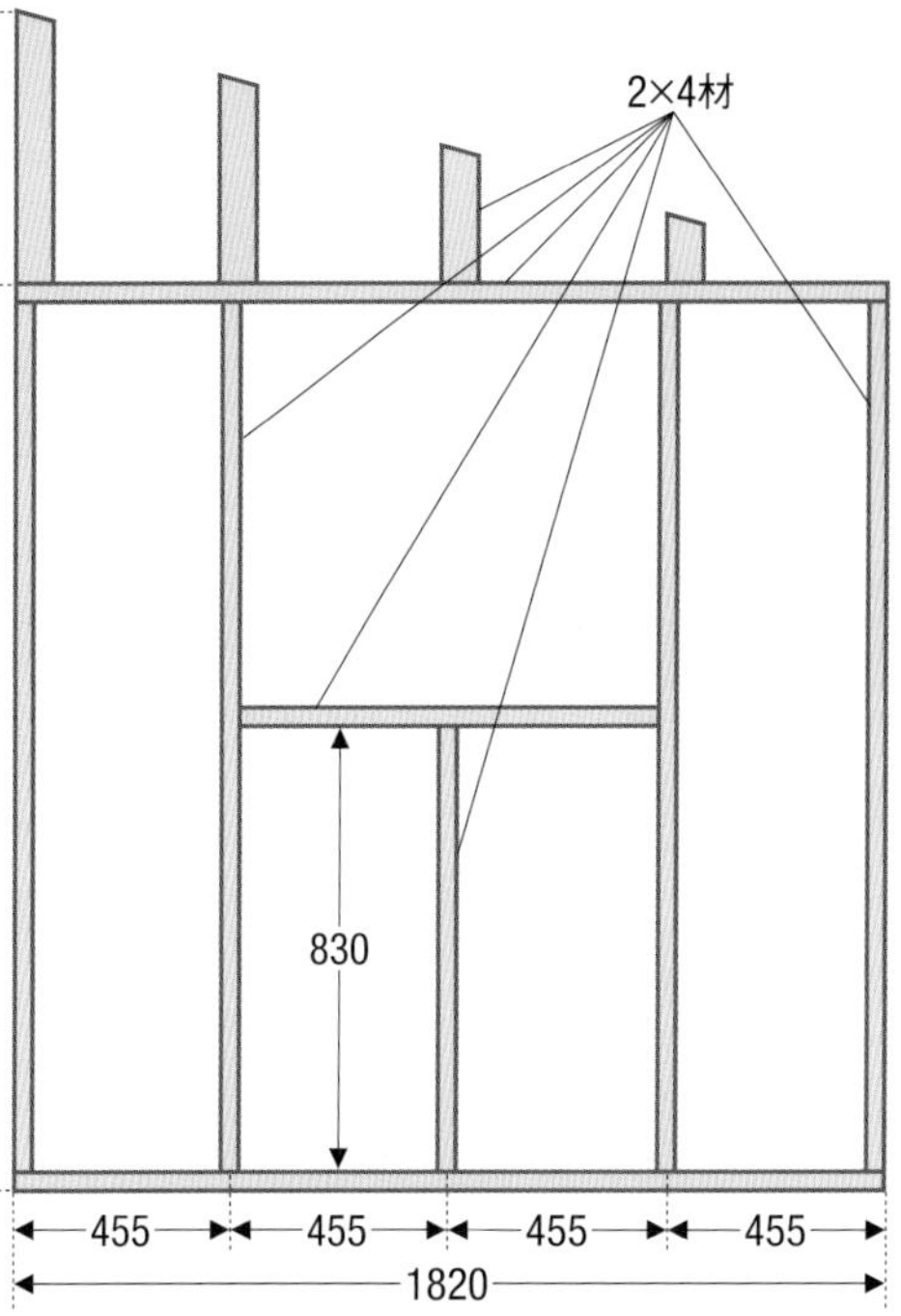

壁パネルの骨組み 側面図（窓のある側）

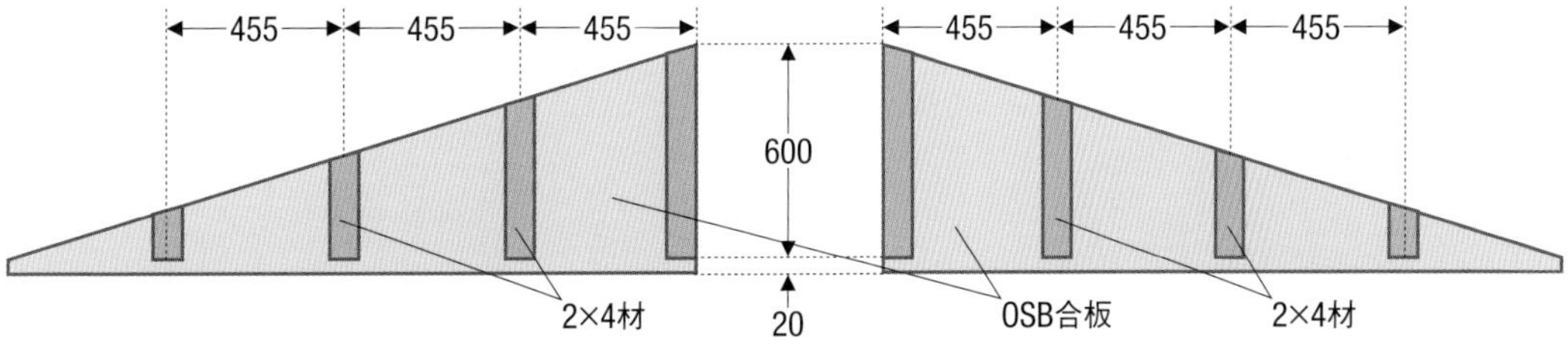

妻壁パネル

＊単位はmm

Step 4

外壁張り

スギ板の下見張りはジグがあると便利で確実 できれば作業は多人数で

防水紙を張り巡らせた壁に、スギ板（180㎜幅がメイン）を下見張りで張っていく。下から一定の重ね幅で横に張っていく作業だが、一定の幅をより早く確実に確認するために、手作りのジグがあると便利（P33参照）。また壁張りは50㎜の丸クギで打ち留める。クギ位置は、下地（枠板の2×4材）がある位置となるので、ルーフィングにその位置を墨つけしておくことが大切だ。

屋根の下地に使うルーフィング。これを外壁の防水紙としても使う

タッカーで打ち留めながら、壁周りにルーフィングを張っていく。わずかに重ねながら、水平に張ること

あとで壁材を張るときのためにビス位置を確認し、チョークラインで墨つけしておく。ビスは下地のある位置（縦の枠板がある位置）に打つことになる

2×4材を取り付けて、両側の妻壁パネルを作る。

妻壁パネルを取り付ける

正面パネルの上に骨組みの材（2×4材）を取り付ける。斜め上からのビス留めで打ち留める

正面上部のパネルが取り付けられた

パネルがすべて取り付けられた

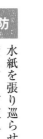

ルーフィングが張り終わった

外壁はスギ板の下見張りで。まず、いちばん下のスタートは、30㎜幅程度のスギ板を張る。壁への接合は50㎜の丸クギで

続いて、スタートの板に重ねて、スギ板（180㎜幅）を張る

さらに続いて、一定の幅（120㎜程度）を取って、次のスギ板を張る。あとはこの連続で張っていく

こんなふうにジグを板材にあてがい、一定の幅を取りながら張っていくと早い

上部の斜め部分は現物合わせでカットしたものを張っていく

高所は脚立を2個用意し、ふたりで並行して作業すると効率がいい

外壁張りが終わった

Step 5

野地板、コーナー板、鼻隠し、破風板etc.
多人数で、各所の同時進行が可能 小屋のいい雰囲気が見えてくる楽しい時間帯

多人数がいれば、各所で同時進行ができる段階。まず、野地板の下地になる垂木とその下の補強材を取り付ける。一方ではコーナー板や上部のすき間ふさぎ板などの取り付け、さらに鼻隠し&破風板、野地板をつける。高い位置での作業が増えるので脚立は必須アイテムだ。

01 野地板の下地材になる垂木を取り付ける。いちばん前と後ろは2×6材、あとは2×4材を取り付ける。写真は後ろから2×6材を取り付けているところ。後ろの2×6材は2×材の幅分（40㎜）、外に飛び出していることに注意

02 垂木の間隔はあとでつける屋根材（オンデュビラ）の波のピッチに合わせて300㎜にした。この下地位置が屋根材を打ち留めるビス位置になる。また左右の両側も2×4材の幅分（40㎜）、飛び出させてあることに注意

03 取り付けた垂木の下に計4本の補強板を取り付ける。両端は現物合わせで斜めカットになる

04 2×6材を2本、直角に組み、コーナー板にする

05 コーナー板を取り付ける。屋根の傾斜に合わせて、一部斜めカットになる

06 すべてのコーナー板がついた

07 正面上部に鼻隠しの下地材（2×4材）を取り付ける。すき間ふさぎ、化粧、強度確保などの役目がある

08 後ろも同様に2×4材を取り付ける。飛び出ていた下地材の下に入る

09 両側も同様に破風板の下地材（2×4材）を取り付ける。これも両端は斜めカットになる。飛び出ていた野地板の下地材の下に入ることになる

10 後ろの鼻隠し（2×4材）を取り付ける。写真は横からのものだが、わずかに野地板の下地材より上に飛び出ていることがわかる

11 前の鼻隠し（2×6材）と両側の破風板（2×6材）を取り付ける。写真ではわからないが、野地板の厚さ分（12㎜）、上に飛び出ている

12 野地板（12㎜厚のOSB合板）を張る。鼻隠しと破風板が、12㎜分飛び出ているので、合板がすっぽり納まる。野地板は丸クギで打ち留める

13 野地板が張り終わった

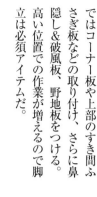

Step 6

屋根材を張る

欧州スタイルのオンデュビラタイルでおしゃれに

用意した屋根材はフランス製の波板、オンデュビラタイル。野地板にルーフィングを張り、その上から張っていく。下から重ね幅を一定にし、専用のワッシャーを使って打ち留めていく。この段階はほとんどストレスゼロ。

ルーフィングを張る。下からつなぎ目を重ねながら張っていく

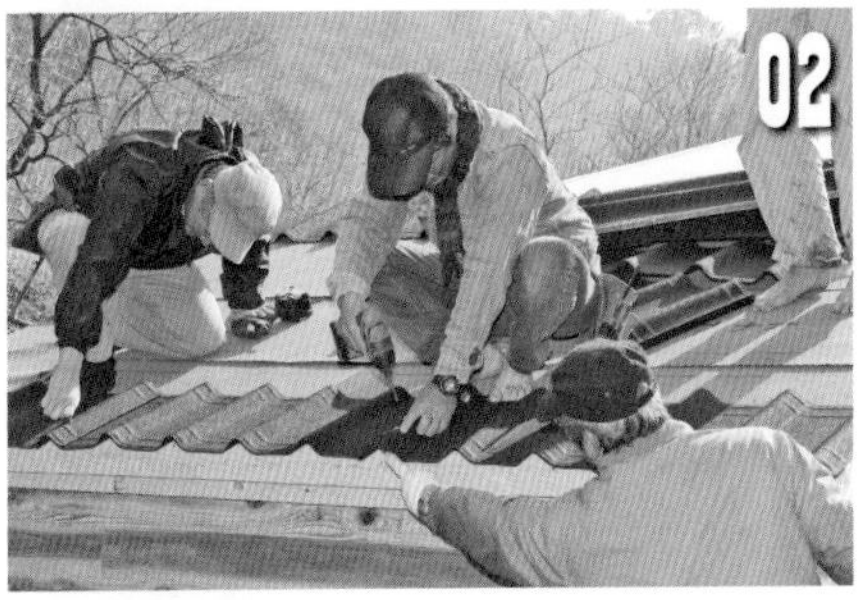

屋根材を下から張っていく。ビス位置は重ねたところで、先ほど取り付けた野地板の下地材の位置になる。ビスは65㎜と75㎜を併用する

ビス位置は波の上が原則。付属の専用ワッシャーにビスを通して打ち留め

フタをして、ビス頭を隠す

端は雨流れを考えて、数cm飛び出させることが大切

最後のトップ部分は棟カバーを取り付ける

屋根材が張り終わった

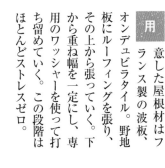

Step 7

ドア&窓の枠板とトリミングボードの設置

ここまできたら、あとは一挙に

ドアと窓を取り付けるための準備。トリミングボードは飾り的な意味合いが強いが、ここでは、外側に20㎜ずらして、あとで取り付けるドアや窓の戸あたりとしている。

01 ドアの開口部の枠板とドアの下の幕板を取り付ける。枠板は2×4材、幕板は2×6材

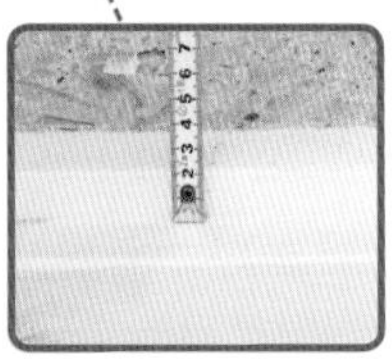

02 ドア開口部のトリミングボードを取り付ける(2×4材)。ただしドアの戸当たり兼用にするため、開口幅より20㎜外側にずらして取り付けた

03 同様に窓の開口部に枠板を取り付ける(2×4材)

04 窓のトリミングボードを取り付ける(2×4材)。これも外側に20㎜ずらして取り付けた

Step 8

デッキ&パーゴラの設置

すべて突きつけ接合の簡単施工だからストレスゼロ

小屋と連続するデッキを作る。ドアの下に直接2×4材を打ち付け、これを基準に根太枠を組むという簡単な方法を選んだ。実用上、まったく問題ないばかりか、まさにDIY向きの方法と言っていい。日差しを避けるためにパーゴラもぜひつけたい。これもデッキの根太に柱(2×4材)を打ち付けて前柱とし、小屋側から垂木を渡すだけという簡単な方法。柱は上に飛び出したままでいい。思いついて柱は上に2×4材を追加して遊び心のあるデザインとしてみた。

01 小屋のドアの下に横板を打ち付ける(2×4材)。高さは敷石の高さに合わせた。水平もしっかり確認すること。これがデッキの根太の枠板の基準になる

02 ドア下の横板を基準に、デッキの根太を組む。材は2×4材。小屋の根太と同様に、根太の外枠が正確な四角形であることもチェックしたい

03 ここで基礎石を正確な位置に置く

04 デッキの床材を張る(2×6材)。めんどうな割き加工(材の幅を細く切る)を避けるために、ビス留めする前に、適当なすき間を作りながら、すべての床材をバランスよく並べてしまう

床材を打ち留める（65㎜ビス）

パーゴラの柱を2本立てる（2×4材）。柱は枠板の横に打ち付ける

ビーム、垂木などを取り付ける

柱の強度を上げるために、思いついて、柱をこのようにアレンジしてみた。2×4材をもう1本立て、間に2×4の短い材を挟んで、立ち上げた

スジカイを入れた（2×4材）

パーゴラ部が一応完成（あとで垂木を2本追加した）

Step 9

窓とドアの設置

組んだ枠に、アクリル板を張るだけの簡単建具を作る

窓とドアは、サイズが違うだけで、作りや設置法はほぼ同じ。両者とも両開きタイプで、枠板が2×4材で、外側から透明な5㎜厚のアクリル板をビス留めで張っているだけ。これをカントリータイプの黒い蝶番で開口部のトリミングボードに接合している。

まず、窓枠を組む。接合は単純な突きつけだが、ビス(75㎜)が届かないので、ドリルで穴(10㎜径)をあけてビス打ちする(座掘り接合)。ドリルであけた穴から75㎜ビスを打ち込んで接合する

組み終わったふたつの窓枠を窓の開口部にあてがってみる。収まりが悪い場合は、カンナなどで微調整

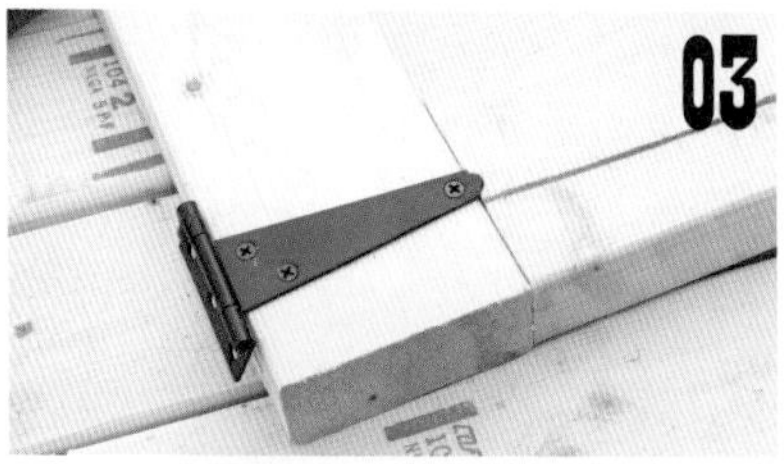

蝶番を取り付ける。蝶番はウエスタンヒンジ(全長114㎜)。これを両側に2個ずつ取り付ける

アクリル板(5㎜厚)をカットし、外側から窓枠に取り付ける。アクリル板は丸ノコで慎重にカットすること。また窓枠に取り付けるときは、2〜3㎜径の下穴をあけてから38㎜ビスで打ち留める

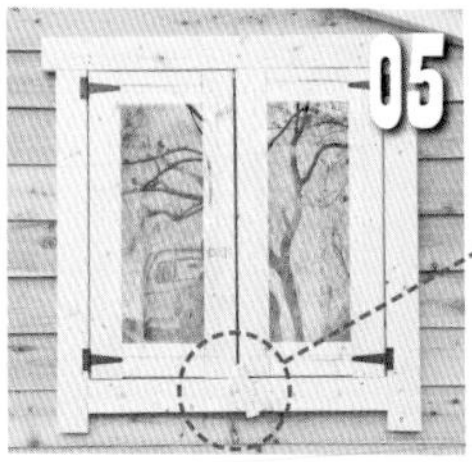

窓の開口部に取り付ける

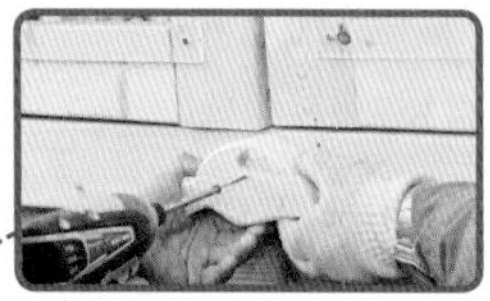

窓がばたつかないように、端材で作った木の葉を型どったストッパーを取り付けた

同様にドアを作る。ドアは真ん中に桟が1枚入る。蝶番は窓に比べサイズアップした全長186㎜のもの

ドアを取り付ける。ミニバールをドアの下に挟み、5㎜ほど持ち上げた状態で取り付ける

ドアの合わせ目にラッチを取り付けた

ドアが取り付けられた。ここにも木の葉のストッパーを取り付けた

Step 10

塗装
ブルーグレーと白のツートーンで明るいイメージを

塗料は、油性の屋外木部塗料を選んだ。色はブルーグレーを小屋に、ワイス（白）をデッキ部にとツートーンに塗り分けた。よく伸びて、塗りやすい塗料だが、段取りで反省点がひとつ。ドアと窓の枠を塗るとき、アクリル板を外さなければならなかった。アクリル板を張る前にここだけは塗装しておくべきだった。

完成!
使い道、無限大!
男たちの
遊び基地ができた!
正面から見る。開口部が大きく、開放的な小屋ができた

窓のある側面から見る。片流れの屋根とパーゴラとのバランスがいい

塗装作業は、できれば風のない穏やかな日を選びたい。ブルーシートや脚立も必須アイテム

後面から見る

ツートーンに塗り分けられた

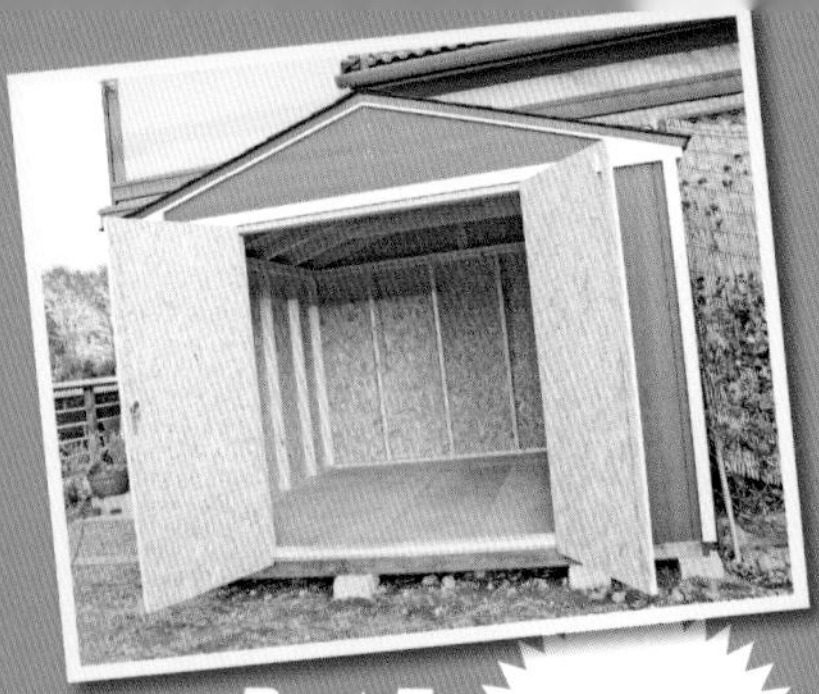

キットでバイク用のミニガレージを作る

Part 3
Tiny House Construction Manual
小屋作り実践マニュアル

特別編

大きなプラモデル感覚で施工できるキットハウスは、
ゼロからの小屋作りは敷居が高いと感じているビギナーにおすすめだ。
また、設計から自分で行なうセルフビルドと比べて、
短い工期で立派な小屋が建てられるというメリットもある。
ここでは、延べ床面積9.3㎡のコンパクトなキットハウス作りをリポート!

写真◎ドゥーパ!編集部、施主提供／協力◎グリーンベル

施工手順

塗装
▼
基礎、根太、床の設置
▼
壁の枠作り、壁材張り
▼
屋根の下地作り、壁パネルの立ち上げ
▼
残りのトリム、両開きドアの取り付け
▼
唐草の取り付け、屋根材張り

製作したキット	
グリーンベル「サマーセット10×10」	
延べ床面積	9.3㎡
キット内容	屋根材、外壁材、床材、ドア、金物類など
参考価格	29万9000円

株式会社グリーンベル
〒399-0211
長野県諏訪郡富士見町富士見11901-4
http://www.green-bell.co.jp/
☎0120･417･127

用意した資材（キットに含まれていないもの）	
ピンコロ石	16個
発泡スチロール（断熱材）	適宜
防湿シート（別売オプション）	適宜
塗料（屋外用）	適宜
ビス（25/35スリム/45/65/75㎜）	適宜

用意した主な道工具	
電動工具	ドリルドライバー（ドライバービット、ドリルビット）、インパクトドライバー、ディスクグラインダー
手工具	カナヅチ、タッカー、カッター、金切バサミ
計測道具	水平器、チョークライン、メジャー
その他	コーナークランプ、脚立、延長コード、スコップ、ブルーシート、ハケ、ペール缶

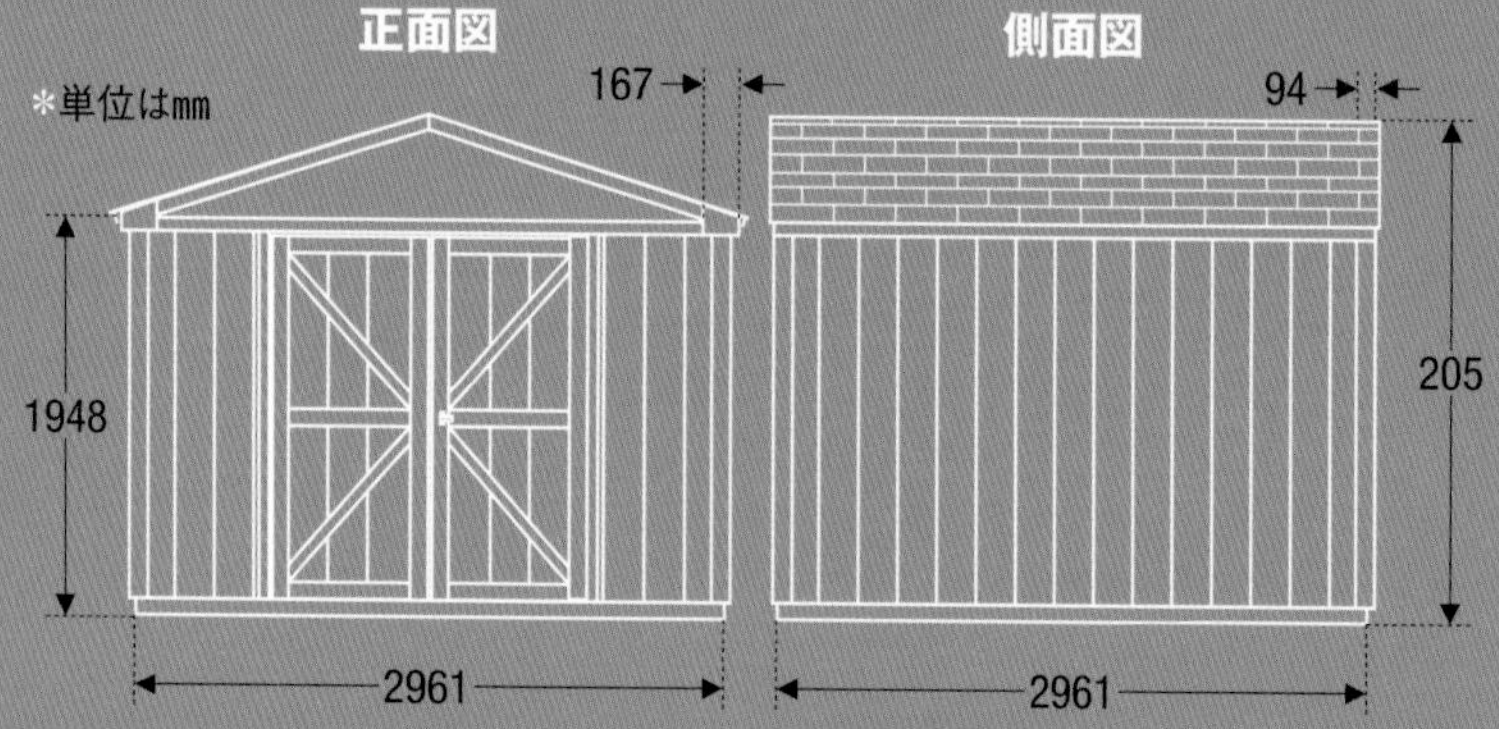

Step 1

プラン&準備、塗装

基礎の資材調達や使用工具をきちんと確認

今回、製作するのはグリーンベルの「サマーセット10×10」。延べ床面積は9・3㎡とコンパクトサイズだが、どの庭にも合わせられるシンプルな外観が魅力で、自転車小屋や趣味部屋などさまざまな使い方ができるキットハウスだ。

現場となったのは栃木県宇都宮市で、施主の中内さんにドゥーパ!編集部2人が加わり、計3人で作業した。手順はP110のとおりで、1日目が基礎・土台、壁パネルの立ち上げ、屋根下地。2日目は建具の取り付け、屋根材張りを行なうスケジュール（使う木材は施工前に塗装を済ませておいた）。壁の骨組みなど短い材を斜め打ちでつなぐといった多少のテクニックが求められることもあるが、角度切りや建具の組み立てといった複雑な加工がすでにされているので、「間柱はこのくらい必要かな…」と考えることもなく、基本的にDIY未経験でも安心して作業できる。

キットに基礎は含まれていないので自分で用意する必要がある。また、キットの木材はカット済みだが、インパクトドライバーなどの基本的な道工具以外にも、ディスクグラインダー（Step5参照）や金切バサミ（Step6参照）を使用している。組立説明書は事前によく読んで必要な工具を確認し、ビスもなるべくなら多めに用意しておくといいだろう。

カット済みの材料は組立説明書付きで段ボールに梱包されて届けられる。なお、今回は最寄りの運送会社の支店から施主が自分で運んだので、輸送費を削減できた

木材にはアルファベットが印字されている。組立説明書と照らし合わせれば、どこにどの木材を使えばいいのかが判別できる

Step 2

基礎、根太、床の設置

キットの種類によってどんな基礎にするかを決める

「サマーセット10×10」には床材が含まれているため、今回は掘った穴に基礎石を入れ、砂利で突き固める基礎にした。この小屋のサイズであれば、基礎石と根太の外枠は固定せず基礎石の上に載せるだけでOKだ。なおここでは施主さんの提案で、床下に断熱材をプラス。さらに防湿シートを敷いて湿気対策を施している。

根太の外枠のサイズに合わせて基礎石を設置し、その上でフロアーキットを組み立て、用意した発泡スチロールを断熱材として間に敷き詰める。基礎石は16個使用。なお、束柱は取り付けていない

床板を張る前に防湿シート（別売）を全体に敷く。固定にはタッカーを使用。2列目以降は、10㎝ほど重ねて張っていく

床板を取り付ける。床の骨組みがある位置にしっかりビス（65㎜。付属のクギから変更）を打つ。これで土台の完成

Step 3

壁の枠作り、壁材張り

壁合板のつなぎ目は、ビスを斜め打ち

枠板（2×4材）を図面どおりに組み、サネ加工が施された壁材を張って、壁パネルを作る。説明書どおりに作業すれば、とくに問題はないだろう。なお、壁材の取り付けには通常は付属のクギ（45㎜）を使うが、今回は同サイズのビスを使用している。

壁の骨組みを作る。上下枠は材の長さが足りないので、指定の材を斜め打ちでつなぎ合わせる。ビスは75㎜を使用

骨組みの角の固定には、コーナークランプがあると便利。ビスを打つときに材がズレなくなる。単独でのDIYでは心強いアイテムだ

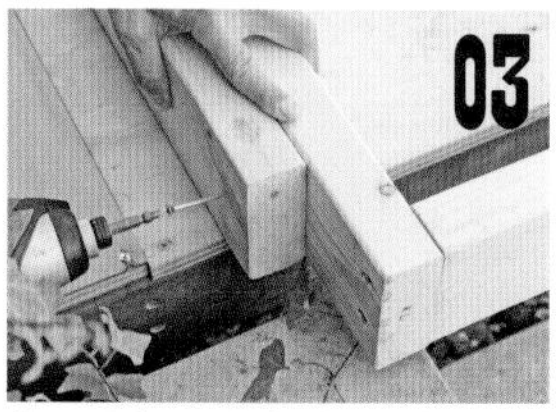

枠の上部に垂木受けを追加。両脇は材の幅分（89㎜）空ける。ビスは65㎜を使用

骨組みを作ったら壁材を張る。ビスは45㎜を使用。壁材は下枠から少し飛び出す形になる

正面の壁パネルが完成。開口部にドアがくる

背面の壁パネルも同じように作っていく。壁材のつなぎ目は写真のように斜め打ちする

側面の壁パネルも同様に製作。これを2組作る。壁の頭つなぎは壁の内側とツライチに固定。また、両端は89㎜ずつ飛び出す形になる

Step 4

屋根の下地作り、壁パネルの立ち上げ

手が届かなくなる箇所を先に仕上げる作業は複数人で行ないたい

今回のキットは、母屋と小屋の背面が隣接する場所に建てているので、組立説明書の手順どおりに進めると背面側の作業ができなくなる。そこで、壁パネルを床に固定する前に、屋

屋根の骨組み作り。垂木を五角形の材（ガセット）で接合する。ビスは45㎜を使用

屋根の両端の骨組みはこれで完成

屋根の中部分の骨組み。ガセットは両面に使用。さらに垂木に天井根太を追加している（ビスは65㎜）。今回のキットハウスのサイズではこれを4つ使う

背面と側面の壁パネルを起こし、壁の骨組み同士を75㎜のビスで接合。背面側の壁を仕上げのために、人が入れるぐらいのスペースを空けておく。ここではまだ壁パネルと床の接合はしない

屋根の骨組みを背面側に取り付ける。ガセットの向きは内側。背面と側面側から65㎜のビスで斜め打ちし、下からも75㎜のビスで固定した

根の骨組み（トラス）とトリムの取り付け作業を行ない、小屋の背面側を先に仕上げることにした。壁パネルはかなり重く、立ち上げる際に支え役がいないとつらいので、ここではふたり以上で作業するのが望ましい。

三角形の合板（妻壁）を屋根の骨組みに45mmのビスで固定。つなぎ材は垂木と垂木受けとの間に収まる

トリムを35mmのスリムビスで固定

背面側の壁が完成した

起こした壁パネルの位置を合わせて、床と壁パネルを75mmビスで固定

正面の壁パネルを取り付ける

手順05と同様に、残りの屋根の骨組みを取り付ける

手順06と同様に、正面の壁にも合板（妻壁）を取り付ける

屋根に野地板を45mmビスで固定。大小にカットされた合板を組立説明書どおりに張っていった

ルーフィングを10cm程度重ねながら、下から上へと張っていく。屋根の棟より飛び出した部分は反対側に折ってタッカーで留めた

Step 5

残りのトリム、両開きドアの取り付け

高い精度が求められる建具作りもすでに完了しているのであとは取り付けるだけ！

正面、側面、角にトリムをつけたら、ドアの取り付け作業に移る。ドアノブやストッパーはキットに付属。今回は小屋正面の中心にドアを取り付けたが、好きな位置につけることも可能で、右開き、左開きも自由に選べる。

Step4の手順07と同様に、正面の壁、躯体の角にトリムをつける

水平を確認しながら、ドアを75mmのビスで取り付ける。ドア同士のすき間は15〜18mm、上部は100mm程度あける

ドア同士のすき間を埋める材（ウェザーストリップ）を取り付ける

ドアの内側にバレルボルトをつける。ドア枠にスライド棒が入る穴をあけるため、ドリルビットにあける深さの目印をつける

穴をあけたら金具を取り付ける

ストッパーが完成し、片側のドアができあがった

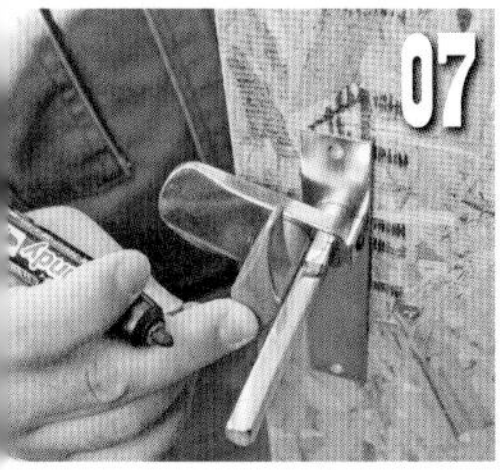

ストッパーをつけていないドアにドアノブをつける作業。パーツを説明書どおりに仮で組み立ててみる。レバーノブの棒が長い場合は墨つけしてディスクグラインダーなどでカット

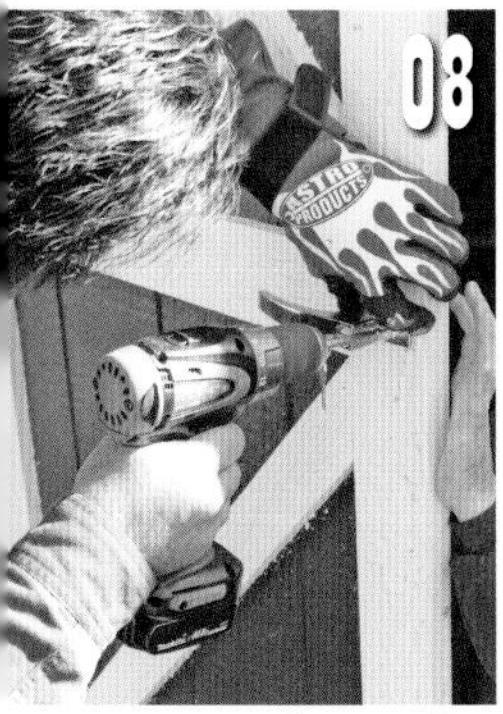

ドアノブを取り付ける。インパクトドライバーを使うとドアノブが破損する恐れがあるので、ドリルドライバーでビス留め。レバーノブがしっかり中心にきているか内側から確認しながら作業する

Step 6

唐草の取り付け、屋根材張り

唐草の取り付けには少しコツが必要 屋根材は専用クギでコツコツと張っていこう

いよいよキットの小屋作りも最終工程。まずは、屋根のすき間からの雨水の浸入を防ぐために軒先に唐草（水切り）を取り付ける。金切バサミを使った唐草の切り欠き・折り曲げ加工は組立説明書に詳しく載っている。唐草の取り付けを終えたら、屋根材を張る（張り方の詳しい手順はP30を参照）。高所での作業が続くので、安全には注意しよう。

屋根の軒先に唐草を取り付ける。固定にはシングル専用クギを使う

角部分は金切バサミで切り込みを入れ、折り曲げる

端材を挟みながら曲げるときれいに仕上げられる

屋根の棟部分も同様に切り込みを入れて、折りたたんで固定した

屋根材を張る。1列目は上下逆に（スリットが入っている方を上にして）張り、所定の向きに戻して重ねて張る。1枚目とつなぎ目が重ならないように注意。屋根材の接着剤の部分に、シングル専用クギで固定する

端は屋根材を現物合わせでカット。2列目からは前列の屋根材にあるスリット上部に合わせて張っていく。重なりすぎても離れすぎてもだめ。以降これを繰り返し、屋根の両面全体に屋根材を張る

3等分した屋根材を折り曲げ、先ほどと同じように重ねながら屋根の棟に張っていく

完成後に自分流のカスタマイズを施すのがキットの醍醐味!

ガレージ内部。床はフローリングにし、キャンプ用のテーブルなどを設置

入口にはバイクの出し入れに便利な自作スロープ

側面には窓（別売オプション）を取り付けた。開閉可能で、網戸もある

4.3㎡ キャスパー（床有）

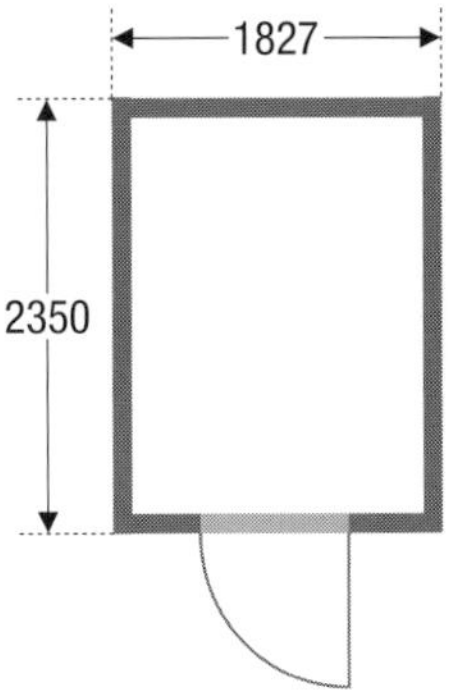

33万8800円（税込） グリーンベル
工法…2×4工法
サイズ…間口1827×奥行2350×高さ2241㎜

ドーム型屋根のデザイン性に優れたキットハウス。
ガーデニンググッズや、自転車、タイヤなどの収納のほか、
キッズハウスとしても活用できる。

［主要使用材］
土台・大引き材…SPF材（防腐塗装済み）
床合板…構造用合板（15㎜厚）
柱材…SPF材
壁下地材…—
壁防水材…—
外壁材…EZパネル（9.5㎜厚）
小屋組み…SPF材
野地板…構造用合板（12㎜厚）
ルーフィング…アスファルトフェルト
屋根仕上げ…アスファルトシングル
フローリング材…—
付属品…片開きドア、クギ、ネジ、ドアノブ（鍵付き）
別売りパーツ…角窓
施工マニュアル…日本語
動画マニュアル…—

Part 3
Tiny House Construction Manual
小屋作り実践マニュアル

10㎡未満の小屋キットカタログ

キットは前ページで紹介しているようなアメリカンガレージ風のものからレッドシダーの小屋、ミニログハウスなどデザインもさまざま。庭先にも作りやすく、初めてのセルフビルドにもおすすめな10㎡未満に特化し、キットハウスメーカーが取り扱うモデルを厳選して紹介している。

Contacts

アトリエエムズ ☎06-6969-7988 https://www.ms-log.com/
ウッディ・ワールド 0120-411-691 http://www.woody-world.com/
グリーンベル 0120-417-127 https://www.green-bell.co.jp/
高広木材 ジェイスタイル事業部 ☎03-3521-6121 https://www.jstyle.co.jp/
ジェイスタイルガレージ 0120-485-296 https://js-g.co.jp/
親和木材工業 ☎058-384-8784 https://www.shinwa-m.com/
ビックボックス 0120-117-698 https://www.fin-bigbox.com/
ログハウスエーグル ☎078-708-3269 http://loghouse-kamio.com/

＊図面の単位は㎜。＊写真はオプションなどを含むイメージです。
＊特別な表記がない限り、価格は税別です。価格は2023年7月現在のものです。
モデルチェンジや仕様変更により、紹介しているキットが廃番となる場合もあります。

4.32㎡ NU-A 2.4×1.8（38）

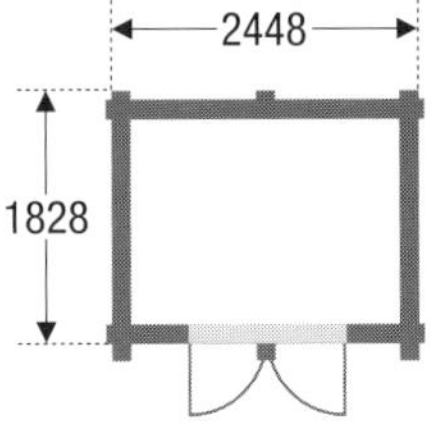

35万2000円 ウッディ・ワールド
工法…丸太組み工法
サイズ…間口2448×奥行1828×高さ2565㎜

初めてのセルフビルドにオススメのミニログハウス。
観音開きの大きな扉がついており、開放感があり、荷物の出し入れも便利。
DIYアイテムの倉庫などに。

［主要使用材］
土台・大引き材…パイン材
床下地…パイン材
柱材…—
壁下地材…パイン材
壁防水材…—
外壁材…パイン材
小屋組み…パイン材
野地板…パイン材
ルーフィング…—
屋根仕上げ…—
フローリング材…パイン材
付属品…—
別売りパーツ…塗料
施工マニュアル…—
動画マニュアル…—

3.3㎡ ガーデナー6×6

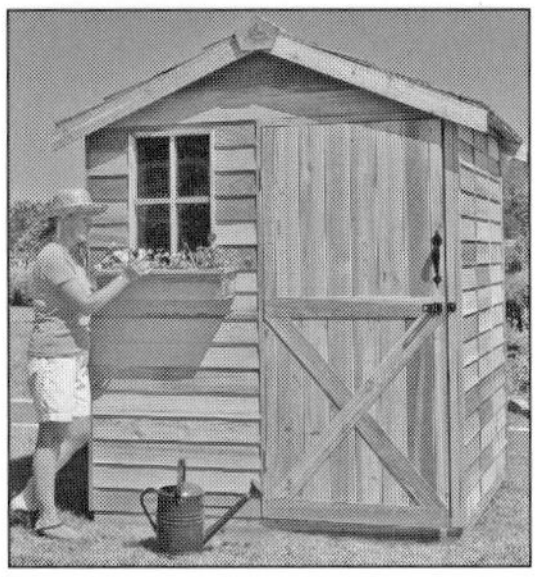

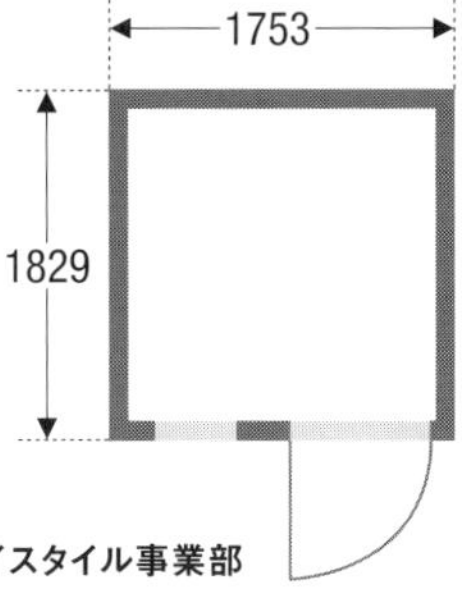

51万7000円（税込） 高広木材 ジェイスタイル事業部
工法…パネル工法
サイズ…間口1753×奥行1829×高さ2520㎜

広さ1坪のかわいらしいデザインの小屋は、
趣味部屋やキッズハウスなどにぴったり。
壁や屋根がパネル化されており、週末2日で組み立てられるので、
お子さんへのビッグプレゼントにしてもいいかも。

［主要使用材］
土台・大引き材…ウエスタンレッドシダー（2×4材）
床下地…—
柱材…SPF（2×3材）
壁下地材…—
壁防水材…—
外壁材…ウエスタンレッドシダー
小屋組み…SPF（2×3材）
野地板…ウエスタンレッドシダー
ルーフィング…＊屋根パネルに取り付け済み
屋根仕上げ…ウエスタンレッドシダー
フローリング材…針葉樹合板
付属品…金物一式
別売りパーツ…—
施工マニュアル…日本語
動画マニュアル…—

5㎡ 1.5坪ハウス+デッキ（屋根あり）

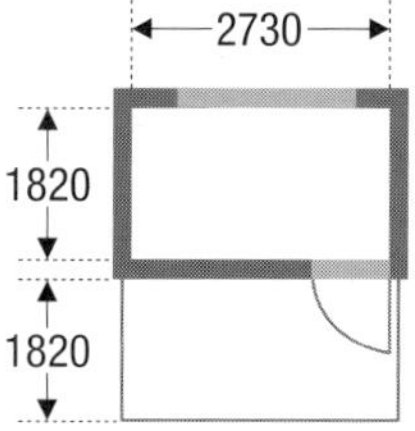

69万910円（税込） 親和木材工業
工法…ピース&ピース工法
サイズ…間口2730×奥行1820（デッキ含まず）×高さ3100㎜

コンパクトでありながらデッキ付きで
様々な用途に使えるミニログキット。
ログ材は真ん中が空洞になった中空木材で断熱効果が高い。

[主要使用材]
丸太土台・土台・大引き材…国産スギ（ACQ加圧注入材）
床下地…国産スギ
柱材…国産スギ
壁下地材…ー
壁防水材…ー
外壁材…国産スギ
小屋組み…国産スギ
野地板…国産スギ
ルーフィング…有り
屋根仕上げ…アスファルトシングル
フローリング材…国産スギ
デッキ…国産スギ（ACQ加圧注入材）
付属品…建具（ペアガラス）、踏み台、ボルト、ビス類
別売りパーツ…網戸、木材保護塗料（水性）
施工マニュアル…日本語
動画マニュアル…DVD

4.5㎡ ランカスター（床有）

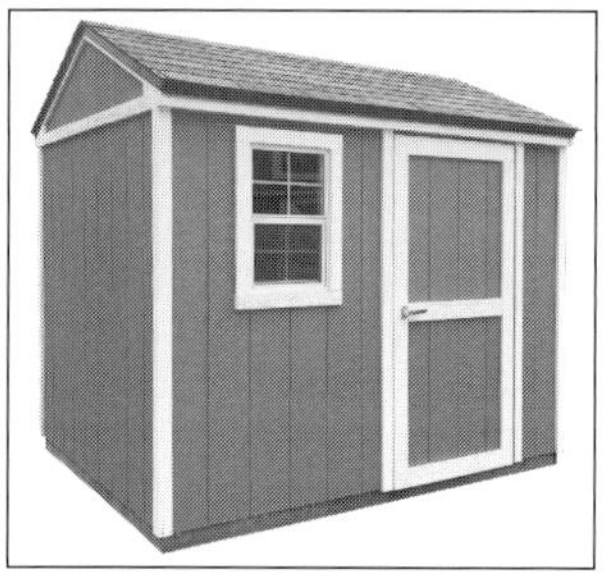

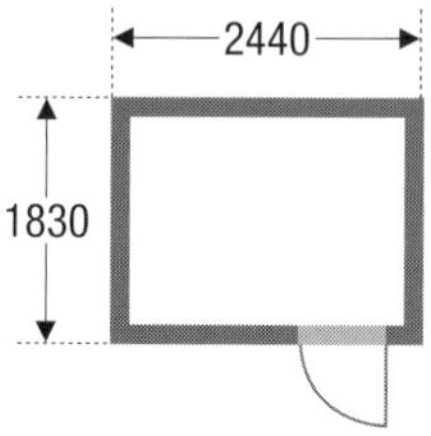

36万1900円（税込） グリーンベル
工法…2×4工法
サイズ…間口2440×奥行1830×高さ2183㎜

かわいらしいデザインで収納力もよく物置として人気が高いモデル。
別売りオプションの窓をつければ
小部屋のような雰囲気になりキッズハウスにもよさそう。

[主要使用材]
土台・大引き材…SPF材（防腐塗装済み）
床合板…構造用合板（15㎜厚）
柱材…SPF材
壁下地材…ー
壁防水材…ー
外壁材…EZパネル（9.5㎜厚）
小屋組み…SPF材
野地板…構造用合板（12㎜厚）
ルーフィング…アスファルトフェルト
屋根仕上げ…アスファルトシングル
フローリング材…ー
付属品…片開きドア、クギ、ネジ、ドアノブ（鍵付き）
別売りパーツ…角窓
施工マニュアル…日本語
動画マニュアル…ー

6㎡ リオン

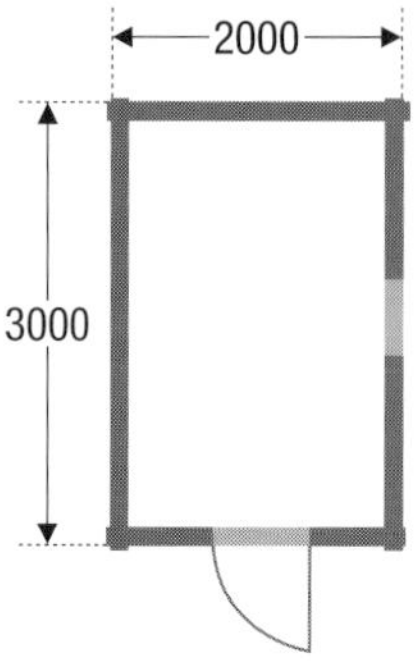

54万8000円 ビックボックス
工法…丸太組み工法（マシンカット角ログ）
サイズ…間口2000×奥行3000×高さ2574㎜

セルフビルドビギナーにおすすめのプチログ。
ログハウスと同じように組み立てられる。
美しい木肌が特徴の木材で部材はプレカット済み。
見た目も愛らしい小屋なので、庭のアクセントにもなる。

[主要使用材]
土台・大引き材…ー
床下地…北欧スプルース材（組み立て済み根太）
柱材…ー
壁下地材…ー
壁防水材…ー
外壁材…北欧スプルース材（32㎜ログ壁）
小屋組み…北欧スプルース材（組み立て済み妻壁）
野地板…北欧スプルース材（野地板兼天井板）
屋根仕上げ…アスファルトシングル
ルーフィング…ー
フローリング材…北欧スプルース材（床下地パネルに20㎜厚床仕上材が貼付済み）
付属品…建具（ドア、窓）、カバーボード、クギ、ビス、建具取手、玄関用鍵、破風板、鼻隠し板、装飾ピース
別売りパーツ…アスファルトルーフィング、塗料
施工マニュアル…日本語
動画マニュアル…ー

4.8㎡ カバナ9×6

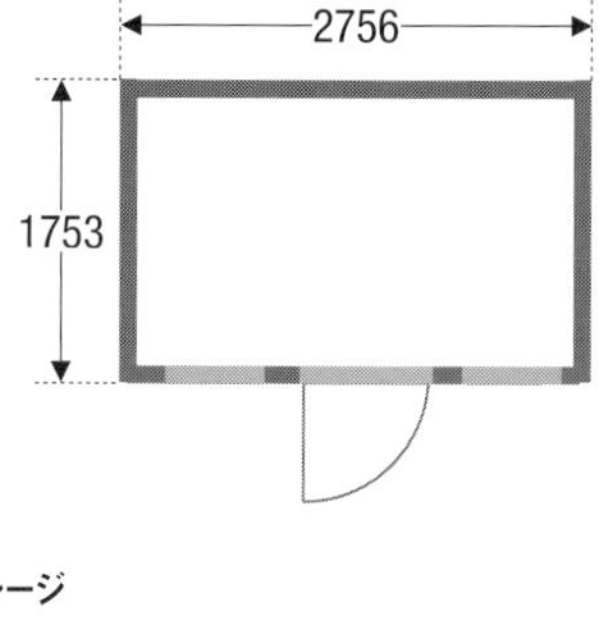

66万円（税込） ジェイスタイル・ガレージ
工法…パネル工法
サイズ…間口2756×奥行1753×高さ2500㎜

庭の隠れ家や容量たっぷりの倉庫など多彩に使える人気モデル。
上下分割式のダッチドアとオーニング窓2個はお好みの場所に変更できる。
プランター2個付。12×8タイプもあり。

[主要使用材]
土台・大引き材…ウエスタンレッドシダー（2×4材）
床下材…ー
柱材…SPF（2×3材）
壁下地材…ー
壁防水材…ー
外壁材…ウエスタンレッドシダー
小屋組み…SPF（2×3材）
野地板…ウエスタンレッドシダー
ルーフィング…＊屋根パネルに取り付け済み
屋根仕上げ…ウエスタンレッドシダー
フローリング材…針葉樹合板
付属品…金物一式
別売りパーツ…ー
施工マニュアル…日本語
動画マニュアル…ー

7.46㎡ 2.3坪 ハウス+デッキ(屋根あり)

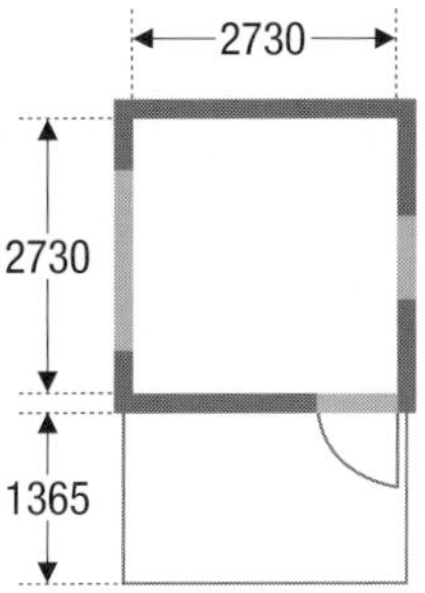

86万9198円 親和木材工業
工法…ピース&ピース工法
サイズ…間口2730×奥行2730(デッキ含まず)×高さ3100㎜

**庭の余ったスペースに作ることができる
コンパクトサイズながらログキットならではの心地よさを楽しめる。
菜園小屋や趣味小屋などに使えそう。
ログ材は真ん中が空洞になった中空木材なので断熱効果が高い。**

[主要使用材]
丸太土台・土台・大引き材…国産スギ(ACQ加圧注入材)
床下地…国産スギ
柱材…国産スギ
壁下地材…ー
壁防水材…ー
外壁材…国産スギ
小屋組み…国産スギ
野地板…国産スギ
ルーフィング…有り
屋根仕上げ…アスファルトシングル
フローリング材…国産スギ
デッキ…国産スギ(ACQ加圧注入材)
付属品…建具(ペアガラス)、踏み台、ボルト、ビス類
別売りパーツ…網戸、木材保護塗料(水性)
施工マニュアル…日本語
動画マニュアル…DVD

6.21㎡ アトリエエムズの小屋3.75

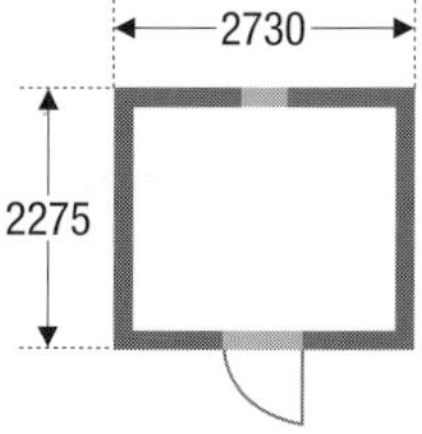

45万9800円(税込) アトリエエムズ
工法…パネル工法
サイズ…間口2730×奥行2275×高さ2910㎜

**間口の広いタイプのミニハウス。
片流れ屋根なので、初心者にはより簡単に作れそう。
オプションでデッキや庇などをつけることもできる。**

[主要使用材]
土台・大引き材…ヒノキ材
床下地…SPF2×4材
柱材…杉材
壁下地材…ー
壁防水材…ー
外壁材…ヒノキ合板+ヒノキ板
小屋組み…SPF2×4材
野地板…合板
ルーフィング…アスファルトルーフィング
屋根仕上げ…アスファルトシングル
フローリング材…合板
付属品…窓(アルミサッシ・網戸付き)、木製ドア(鍵付き)
別売りパーツ…デッキ、庇、断熱材、窓、内装など
施工マニュアル…図面一式
動画マニュアル…ー

7.5㎡ パルメ

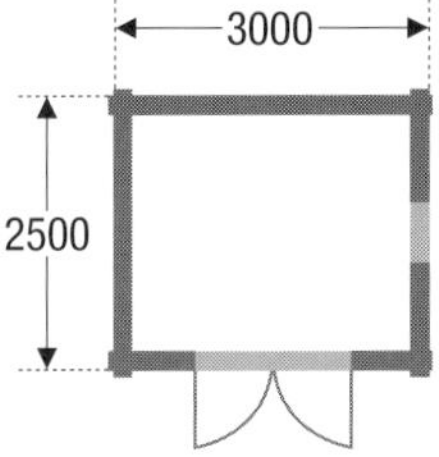

59万8000円 ビックボックス
工法…丸太組み工法(マシンカット角ログ)
サイズ…間口3000×奥行2500×高さ2708㎜

**バイクガレージや工房・物置に最適。広々としたフレンチドアで出し入れ快適だ。
ログハウスと同じ要領で組み立てていくミニログキットなので、
いつか大きなログをセルフビルドしたいという人にもおすすめだ。**

[主要使用材]
土台・大引き材…ー
床下地…北欧スプルース材(組み立て済み根太)
柱材…ー
壁下地材…ー
壁防水材…ー
外壁材…北欧スプルース材(32㎜ログ壁)
小屋組み…北欧スプルース材(組み立て済み妻壁)
野地板…北欧スプルース材(野地板兼天井板)
ルーフィング…ー
屋根仕上げ…アスファルトシングル
フローリング材…北欧スプルース材(床下地パネルに20㎜厚床仕上材が貼付済み)
付属品…建具(玄関フレンチドア、窓)、カバーボード、クギ、ビス、建具取手、玄関用鍵、破風板、鼻隠し板、装飾ピース、アスファルトシングル材、アスファルトシングル固定用板
別売りパーツ…アスファルトルーフィング、塗料
施工マニュアル…日本語
動画マニュアル…ー

7.45㎡ アトリエエムズの小屋4.5

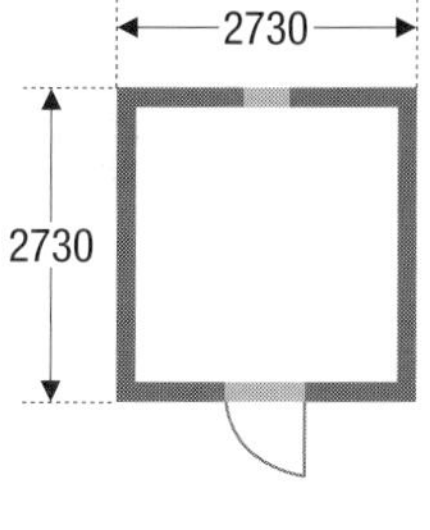

49万5000円(税込) アトリエエムズ
工法…パネル工法
サイズ…間口2730×奥行2730×高さ2600㎜

**正方形型のシンプルなデザインのキットハウス。
工房のほか、物置にも十分なサイズ。
内装をアレンジすれば様々に活躍してくれそう。**

[主要使用材]
土台・大引き材…ヒノキ材
床下地…SPF2×4材
柱材…杉材
壁下地材…ー
壁防水材…ー
外壁材…ヒノキ合板+ヒノキ板
小屋組み…SPF2×4材
野地板…合板
ルーフィング…アスファルトルーフィング
屋根仕上げ…アスファルトシングル
フローリング材…合板
付属品…窓(アルミサッシ・網戸付き)、木製ドア(鍵付き)
別売りパーツ…デッキ、断熱材、窓、内装など
施工マニュアル…図面一式
動画マニュアル…ー

9.72㎡ アルナス6-45

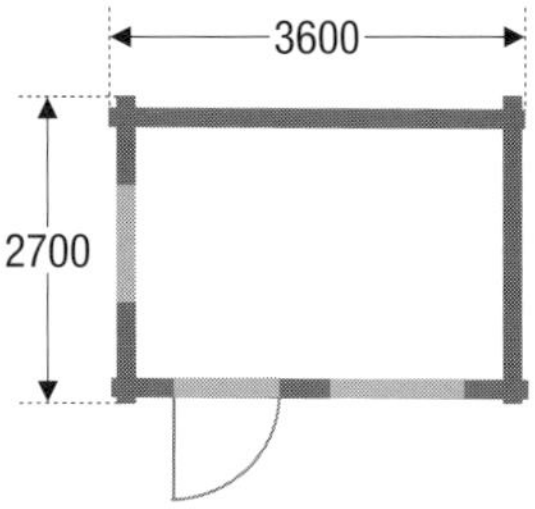

65万7000円（税込） ログハウスエーグル
工法…丸太組み工法
サイズ…間口3600×奥行2700×高さ2750㎜

シンプルなデザインのミニログハウス。
コンパクトな大きさなので初めてのセルフビルドにもおすすめ。
庭先に建てて工房や趣味部屋にしたり、
さまざまな用途に活用できる。

［主要使用材］
土台・大引き材…国産ヒノキ材
床下地…ー
柱材…ー
壁下地材…ログ壁（45㎜厚）
壁防水材…ー
外壁材…フィンランド産北欧松
小屋組み…フィンランド産北欧松
野地板…フィンランド産北欧松
ルーフィング…アスファルトルーフィング（別売）
屋根仕上げ…アスファルトシングル
フローリング材…無垢材（90㎜×20㎜）
付属品…窓（ペアガラス・網戸付き）、木製ドア（ガラス、鍵付き）
別売りパーツ…デッキ
施工マニュアル…日本語
動画マニュアル…ー

8.6㎡ ボートハウス8×12

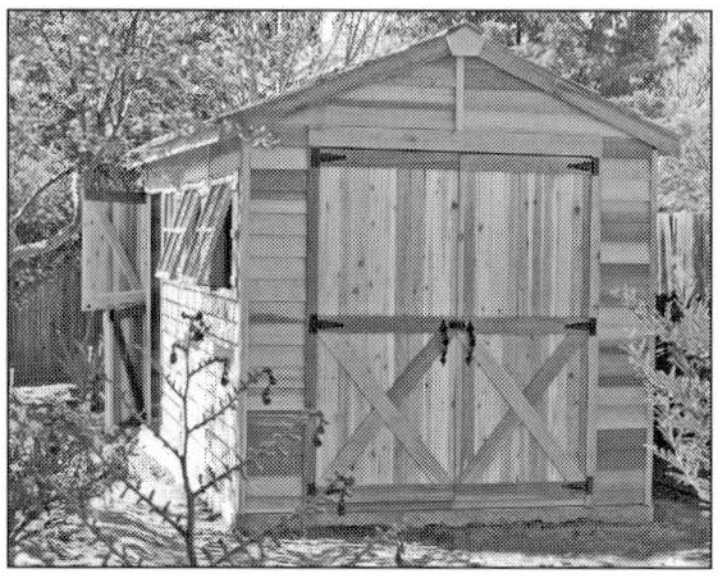

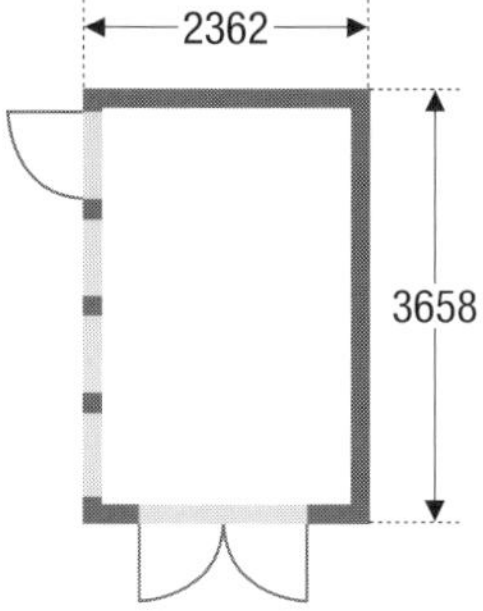

93万5000円（税込）
高広木材 ジェイスタイル事業部
工法…パネル工法
サイズ…間口2362×奥行3658×高さ2670㎜

観音開きドアでバイクガレージや自転車置き場に向いたモデル。
小屋の奥にもドアがあるので出入りしやすい。
また、窓がたくさんついているので昼間に真っ暗という心配もなさそう。

［主要使用材］
土台・大引き材…ウエスタンレッドシダー（2×4材）
床下地…ー
柱材…SPF（2×3材）
壁下地材…ー
壁防水材…ー
外壁材…ウエスタンレッドシダー
小屋組み…SPF（2×3材）
野地板…ウエスタンレッドシダー
ルーフィング…＊屋根パネルに取り付け済み
屋根仕上げ…ウエスタンレッドシダー
フローリング材…針葉樹合板
付属品…金物一式
別売りパーツ…ー
施工マニュアル…日本語
動画マニュアル…ー

9.9㎡ 3坪ハウス＋デッキ（屋根あり）

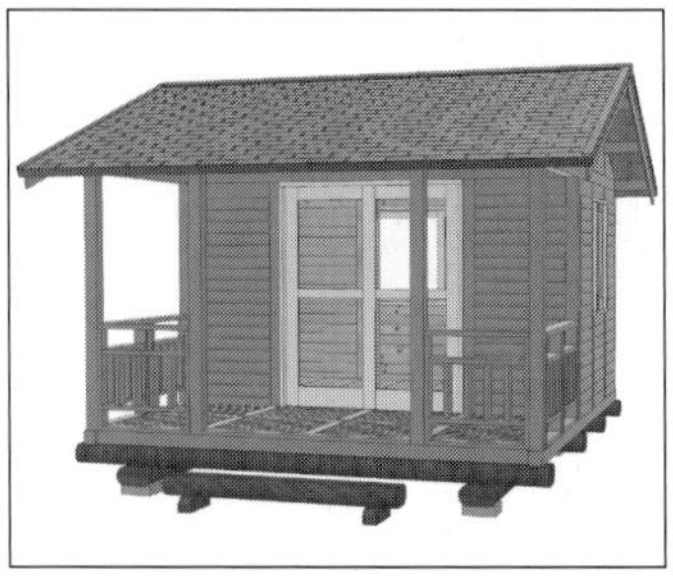

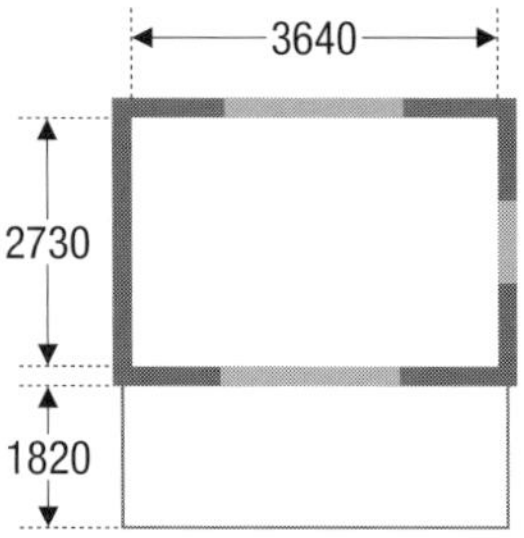

113万5860円（税込） 親和木材工業
工法…ピース&ピース工法
サイズ…間口3640×奥行2730（デッキ含まず）×高さ3422㎜

およそ10㎡の広さのあるログキット。
3坪の小屋と2坪のデッキとで広々とした空間が味わえる。
工房や趣味部屋、書斎、事務所など様々に幅広く活用できそう。

［主要使用材］
丸太土台・土台・大引き材…国産スギ（ACQ加圧注入材）
床下地…国産スギ
柱材…国産スギ
壁下地材…ー
壁防水材…ー
外壁材…国産スギ
小屋組み…国産スギ
野地板…国産スギ
ルーフィング…有り
屋根仕上げ…アスファルトシングル
フローリング材…国産スギ
デッキ…国産スギ（ACQ加圧注入材）
付属品…建具（ペアガラス）、踏み台、ボルト、ビス類
別売りパーツ…網戸、木材保護塗料（水性）
施工マニュアル…日本語
動画マニュアル…DVD

8.6㎡ ランチャー 8×12

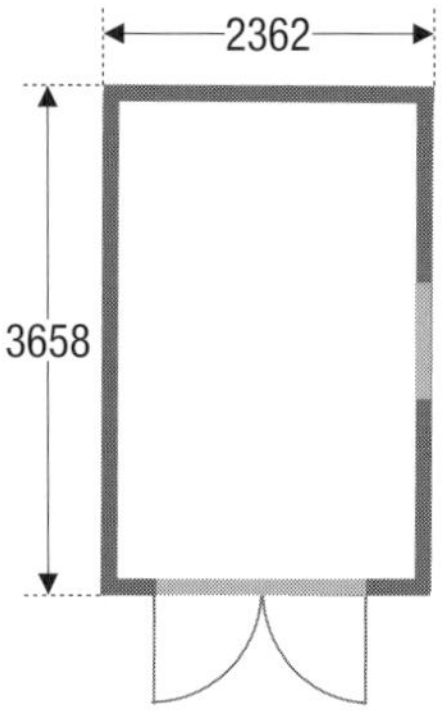

82万5000円（税込）
ジェイスタイル・ガレージ
工法…パネル工法
サイズ…間口2362×奥行3658×高さ2670㎜

ゆとりの広さと大型の2枚扉で、オートバイや自転車など
大きなものもラクラク出し入れできるモデル。
観音開きドアとオーニング窓はお好みの場所に配置可。
プランター1個付。8×10、8×16タイプもあり。

［主要使用材］
土台・大引き材…ウエスタンレッドシダー（2×4材）
床下材…ー
柱材…SPF（2×3材）
壁下地材…ー
壁防水材…ー
外壁材…ウエスタンレッドシダー
小屋組み…SPF（2×3材）
野地板…ウエスタンレッドシダー
ルーフィング…＊屋根パネルに取り付け済み
屋根仕上げ…ウエスタンレッドシダー
フローリング材…針葉樹合板
付属品…金物一式
別売りパーツ…ー
施工マニュアル…日本語
動画マニュアル…ー

Part 4

小屋作りに役立つ DIYテクニック

ここからは小屋作りにフォーカスしたDIYテクニックをラインナップ。
プロの現場でも使われる実践的なテクニックとアイデアの数々は、
あなたの小屋作りを、より早く、より簡単に、より楽しいものにしてくれる。

Technique for Tiny House Builders

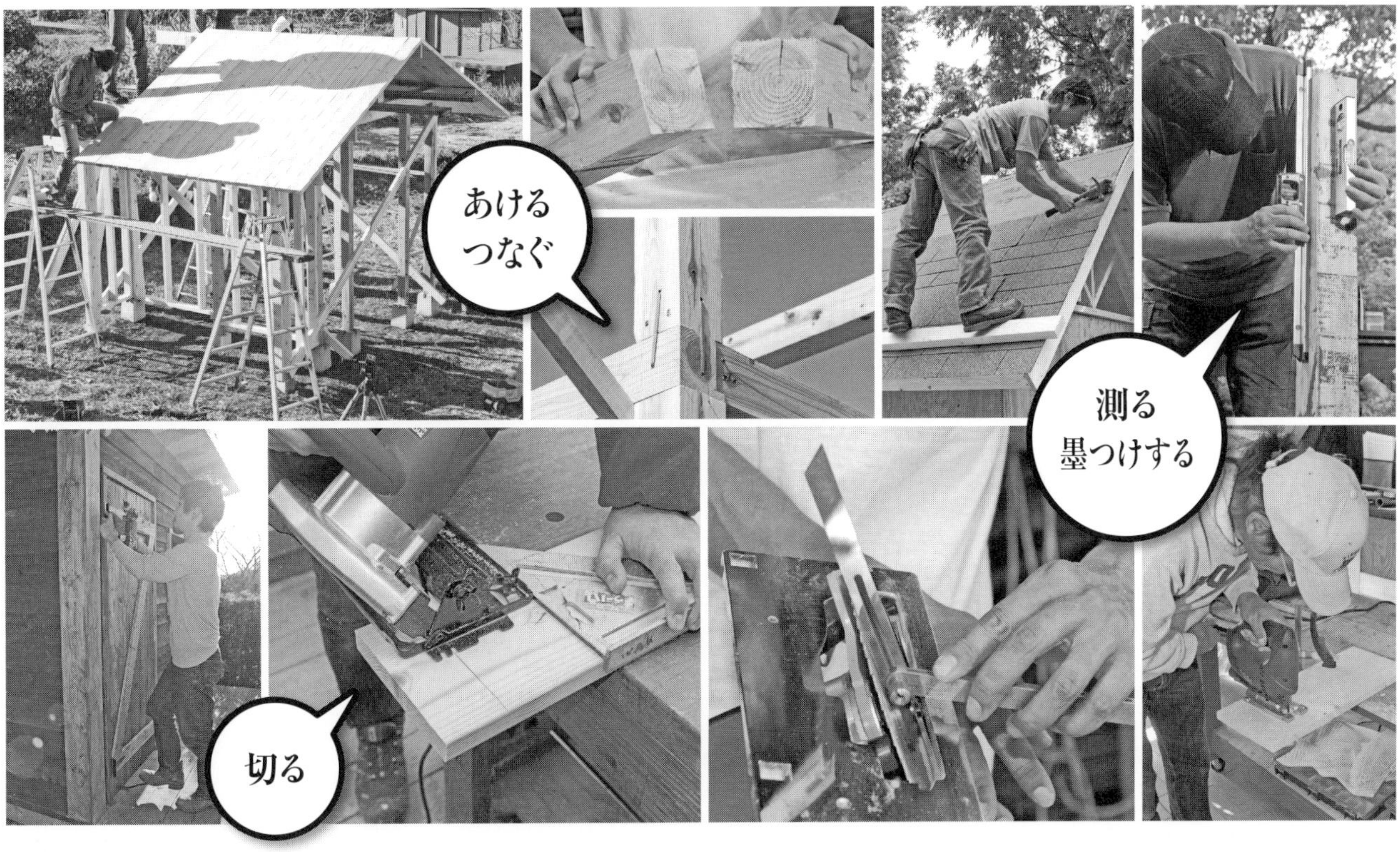

［測る・墨つけする］

支柱の垂直を測る

小屋の支柱などが真っすぐ垂直に立っているか確認するには、柱の面に水平器を当てて、垂直測定用の気泡管を確認すればいい。その際、水平器をふたつ用意して、隣り合う面それぞれに水平器を当てると、より正確な垂直を測定することができる。

活用シーン

＊躯体の組み立て

小屋の支柱の垂直は必ず隣り合った2面で測定する

長い距離の水平を測る

長さ20〜30㎝という短めの水平器の場合、測定箇所に水平器が届かないということがしばしば起こる。そんなときは角材やアルミアングルなど、真っすぐな板材に水平器を載せればいい。その角材の長さまで延長して水平を測定することができる。

活用シーン

＊基礎石の設置
＊土台の組み立て

アルミアングルに水平器を載せた例

正確な土台外枠を作り、基礎石の位置を決める

基礎石の位置決めでもっとも簡単でDIY向きの方法がこのテクニック。まず土台の外枠を組み、その対角線を測定し、組み立てた外枠が正確な四角形になっているか確認する。ここで正確な外枠が確認できたら、この枠を基準に各コーナーの基礎石の位置を調整する。つまり、正確な外枠が決まれば、自然と基礎石の位置も決まるというわけだ。

活用シーン

＊基礎石の設置
＊土台の組み立て

2本の対角線の長さが同じであれば、正確な四角形となる

自由スコヤで、材の角度を写し取る

根元の留ネジをゆるめることで竿が自由な角度に設定でき、締めれば必要な角度で固定できる

小屋の躯体や屋根周りの骨組みなどを組み立てる際、現物の角度に合わせて材をカットしなければならないシーンがある。そんなときは自由スコヤを使うといい。材から直接角度や傾斜を写せば、ほかの材への墨つけも容易に行なうことができる。

活用シーン

＊躯体の組み立て

留ネジをゆるめて角度を固定し、墨つけする材にその角度を写すことができる

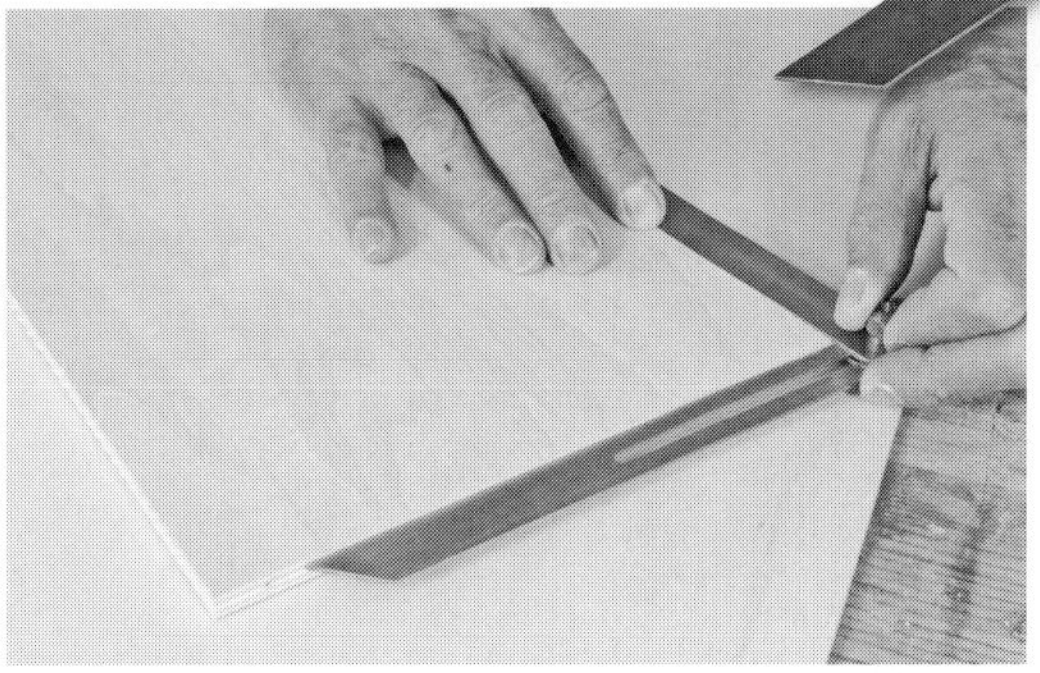

留ネジをゆるめて、別の材の角度を写しているところ

自作コンパスで大きな円を墨つけする

壁や建具に丸窓をつけるなど、大きな円を引く場合はコンパスを自作すればいい。工作は簡単で、真っすぐな竹製定規の端にクギ穴をあけ、そこから必要な半径の場所に、鉛筆を差す穴をあけるだけ。

活用シーン

＊躯体・建具の組み立て

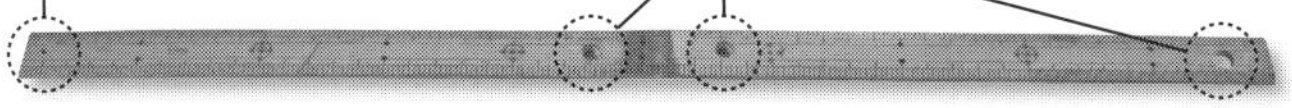

竹製定規などの端にクギを差す穴と必要な半径に鉛筆を差す穴を加工すれば自作コンパスになる

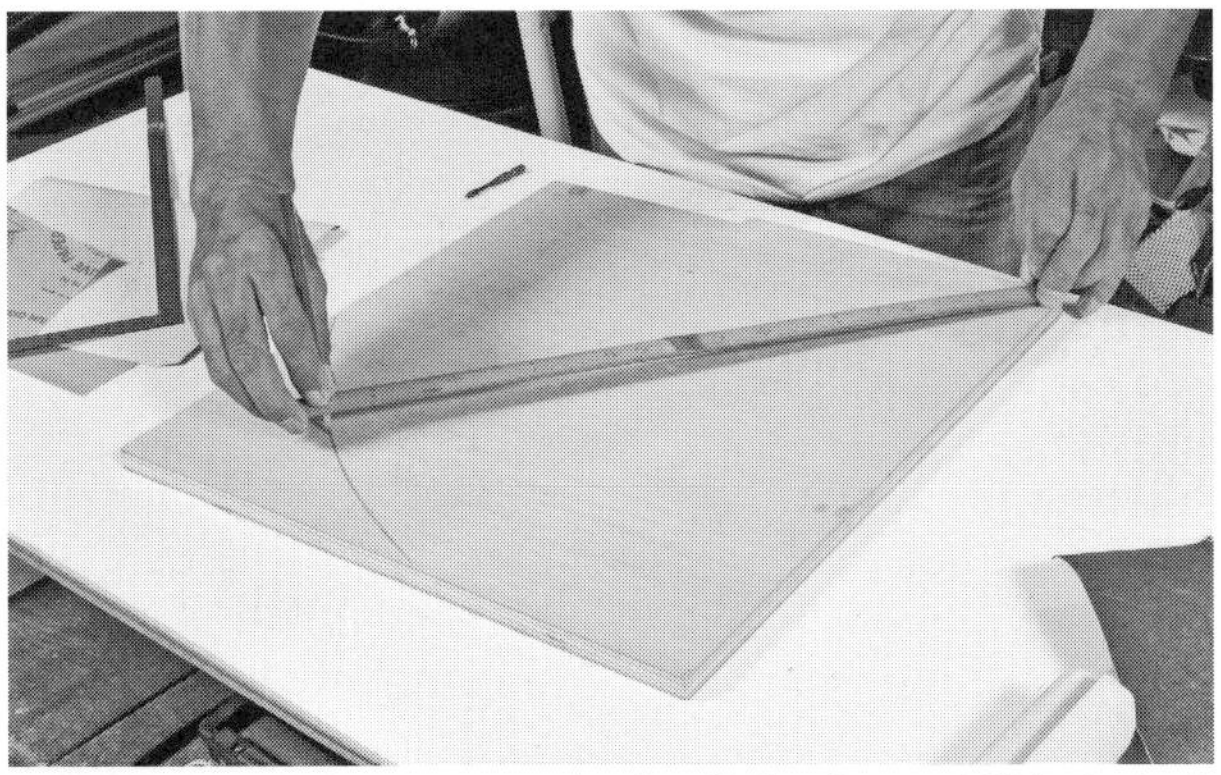

鉛筆を差す穴を複数あけておけば、1本で複数の径の円を引くことができる。鉛筆を差す穴は少しきつめにあけるのがコツ

プロトラクターで任意の角度を墨つけする

分度器に竿のついた工具がプロトラクターで、自由スコヤのバリエーションともいえる測定工具だ。設計図などから角度を読み、分度器で角度を合わせれば、角度切りの墨つけができる。もちろん、直接材に当てて角度を写すこともできる。

活用シーン

＊躯体の組み立て

分度器に可動式の竿がついたプロトラクター

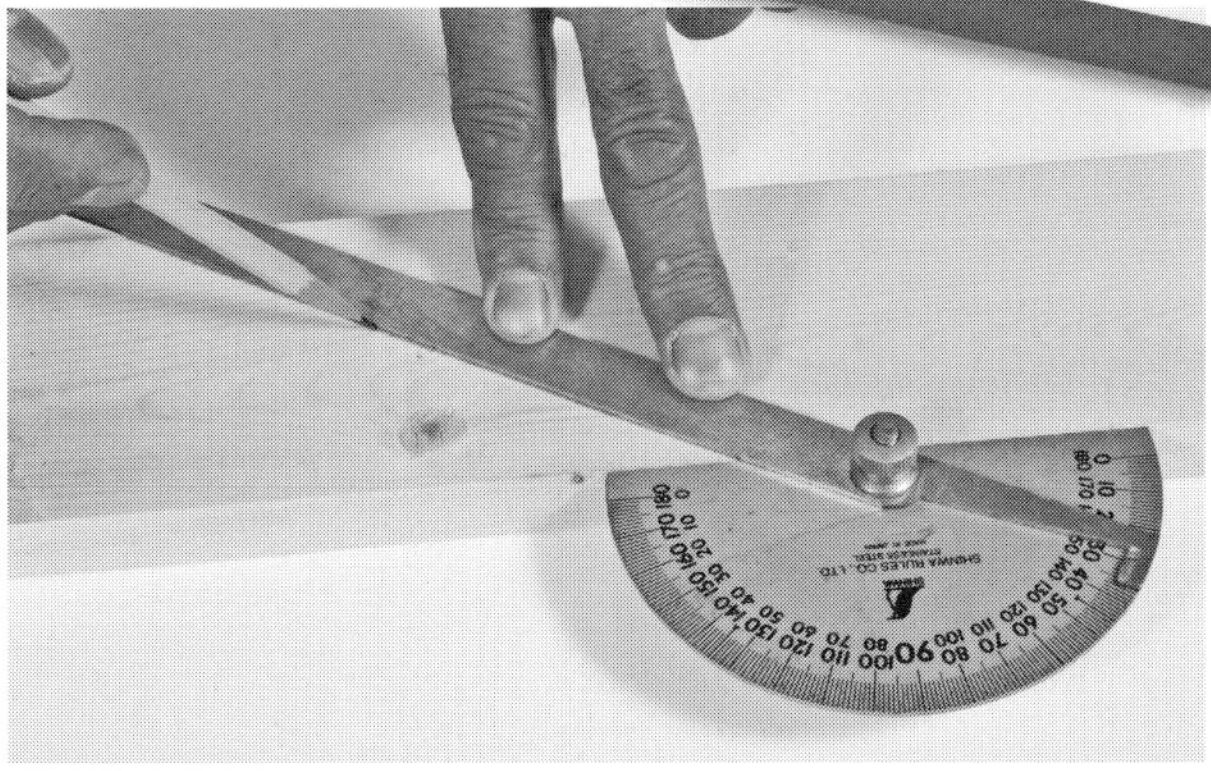

分度器で角度を決めて、墨つけすることができる

［切る］

ガイドを使っての直線切り&角度切り

小屋作りでは丸ノコを使った切断作業の連続。その際、必携なのが丸ノコ用のガイド。さまざまな種類のガイドが存在するが、ここではポピュラーなジャスティー（丸ノコ用定規）とスピードスクエアでのカットのテクニックを紹介する。どちらも丸ノコのベースプレートにガイドとして沿わせることで、墨線に沿って真っすぐな材を切ることができる。

活用シーン

＊土台・躯体・建具の組み立て

スピードスクエアを使った材のカット

スピードスクエアと呼ばれるアメリカの大工が使うスコヤ。三角形の一辺が材に引っかけられるようになっており、直角と45度のカットが簡単に行なえる

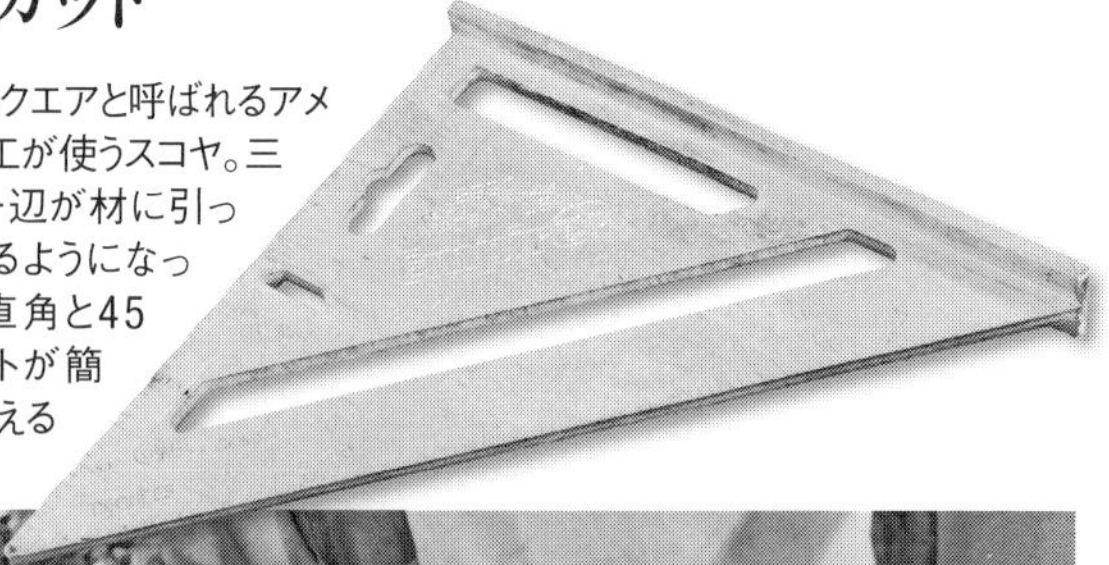

スピードスクエアでの直線カット。材に引っかけたスクエアに沿わせて、真っすぐ切り進めるだけ

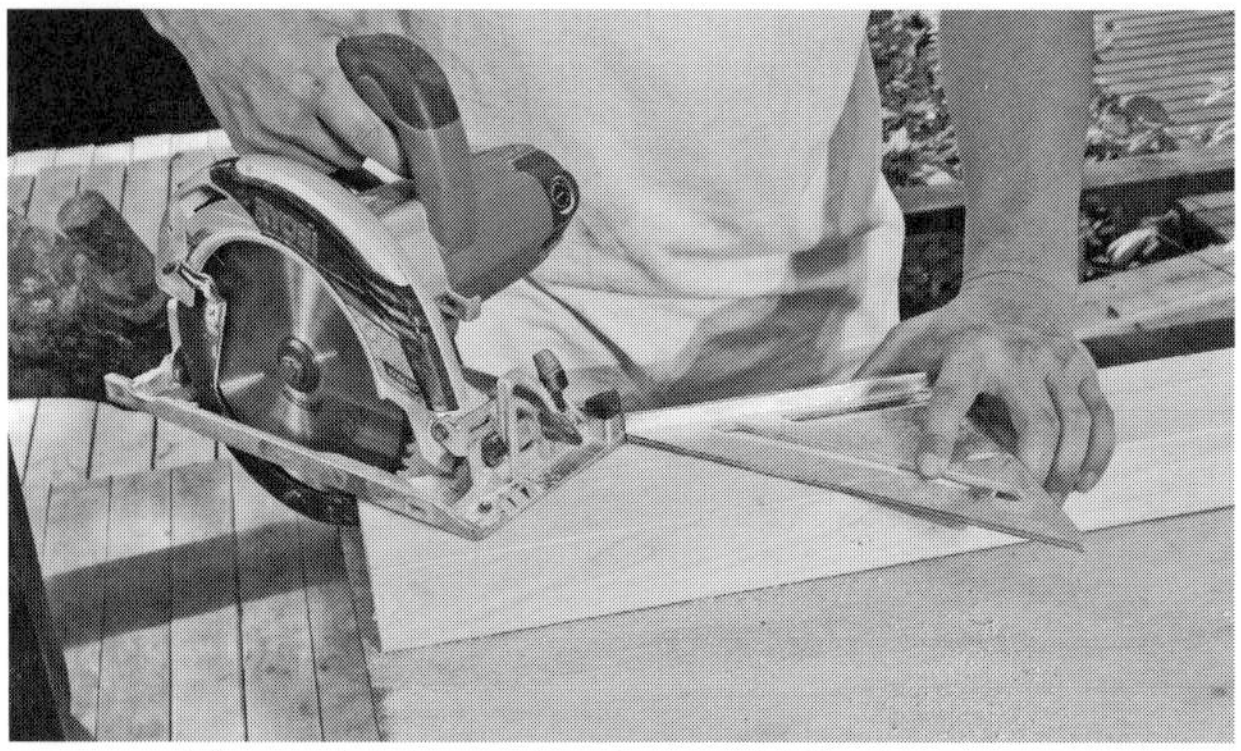

スクエアの引っかけ方を変えれば、45度カットも簡単に行なえる

ジャスティーをガイドにした木材のカット

ジャスティーという名で販売されている丸ノコ用ガイド。分度器の部分で腕の角度を調整できるので、直線だけでなく任意の角度でカットすることができるスグレモノ

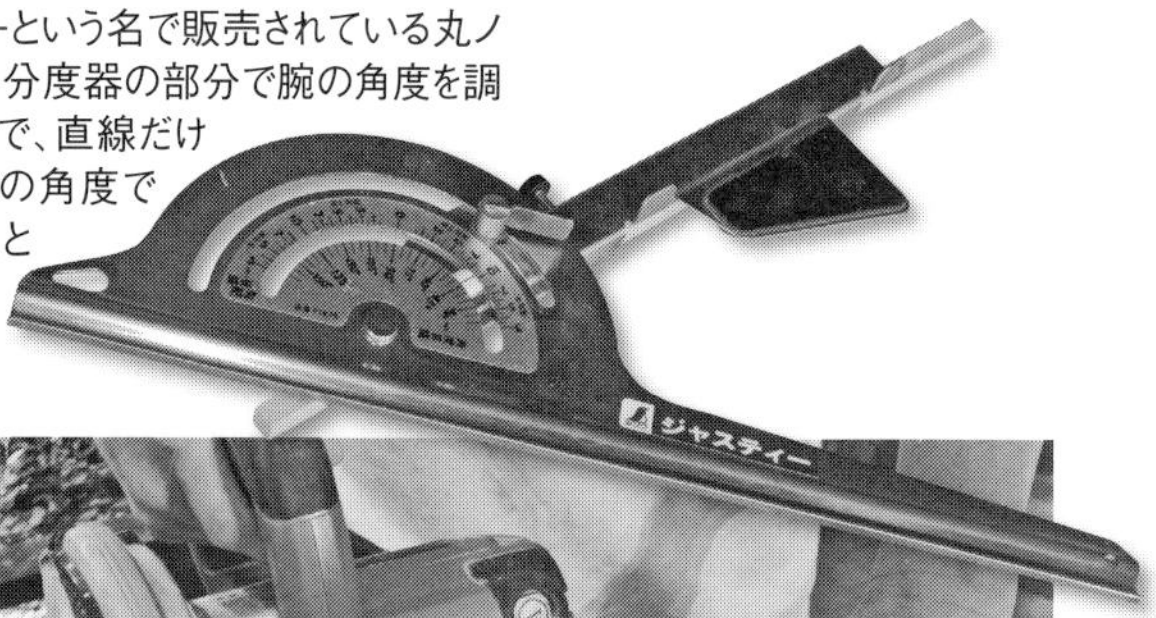

材に直交するように腕を調整。この形で丸ノコのベースプレートをジャスティーの腕に沿わせるようにして切り進めれば、きれいな直線カットができる

腕の位置を任意の角度に変えれば、角度切りも簡単に行なえる

傾斜カットをする

傾斜カットは材料の小口を斜めに切るテクニックで、妻壁の骨組み（トラス）作りなど小屋作りのさまざまな局面で役立つ。傾斜カットは刃が斜めに入るので、刃の出幅を確認しないと切り足らなくなることがある。材に合わせてしっかりと刃の出幅を調整しよう。

活用シーン
＊躯体の組み立て

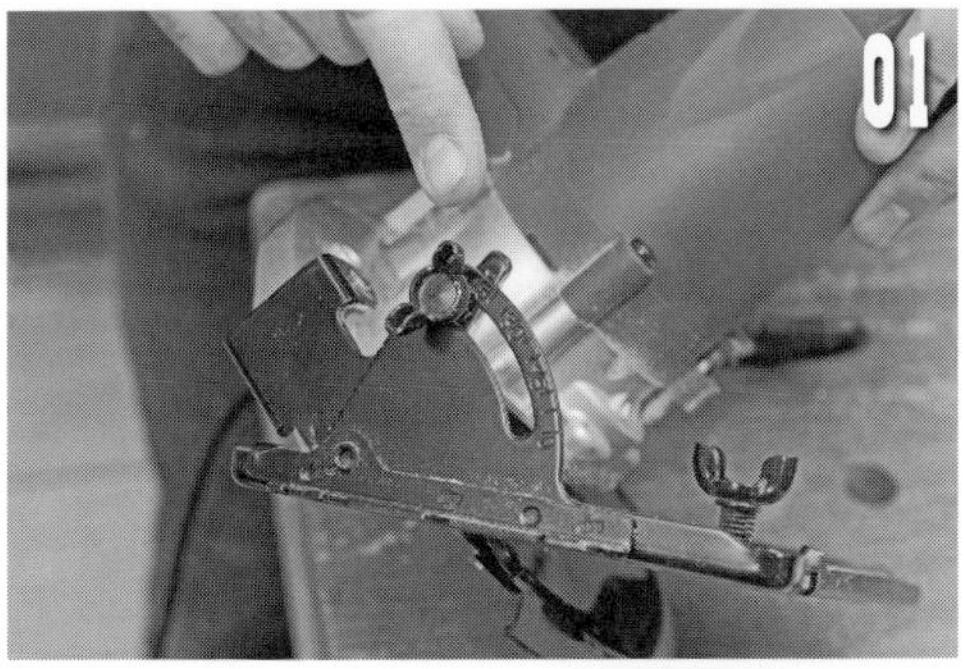

刃を傾斜させるために、丸ノコの前にある蝶ネジ（角度調節ネジ）をゆるめ、ベースプレートを動かし傾斜角度を決める

現物の角度に合わせる場合は、自由スコヤを使って角度を写し取り、刃の傾斜角度を決めればいい

同時に刃の出幅を調整しベースプレートを固定。スコヤなどのガイドを当てながら切り進める。傾斜カットは通常のカットに比べ、抵抗が大きくなるので慎重に切り進めよう

きれいに傾斜カットすることができた

太い角材をカットする

4×4材や3寸角材のような柱材のカットは、丸ノコの刃の出幅が足りず一度にカットすることができない。そんな厚みのある角材を正確にカットするには、材の4面すべてに墨線を引くこと。留めスコヤやサシガネを使い、正確な墨線を引くことを心がけよう。

活用シーン
＊躯体の組み立て

留めスコヤなどを使い、材の4面に墨線を引く。これを回し墨、あるいは4面付けと呼ぶ

丸ノコを使い各面の墨線に沿って、刃を切り進めていく。このとき丸ノコをスコヤに沿わせて、きれいな直線カットができるように注意しよう

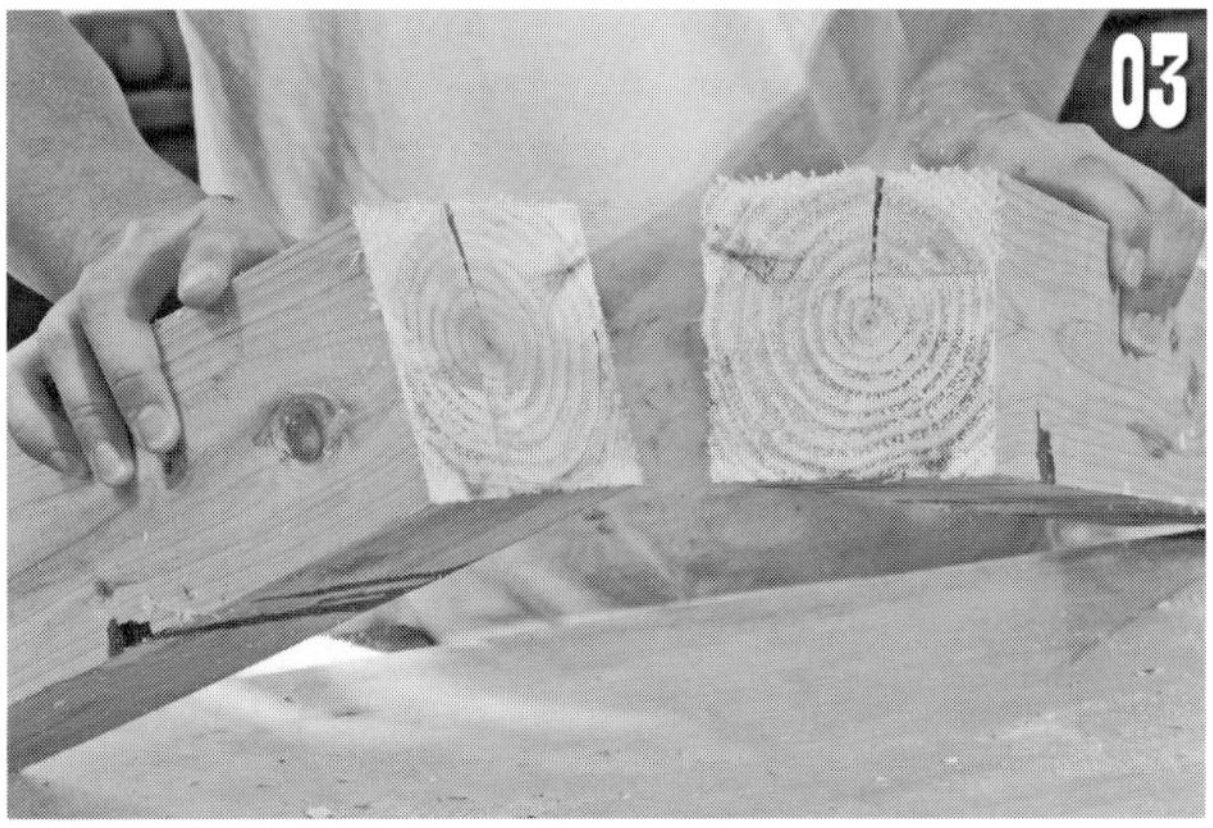

支柱のような厚みのある材でもきれいにカットすることができる

フェンスを使って材を割く

現場で幅の狭い材が必要になったときは、幅広の材を割いて細い材を切り出せばいい。その際に使用するのは丸ノコに付属しているフェンス（平行定規）。フェンスの腕が材の側面にぴったり沿うように注意して、丸ノコを切り進めよう。

活用シーン

＊躯体・建具の組み立て
＊壁材の加工

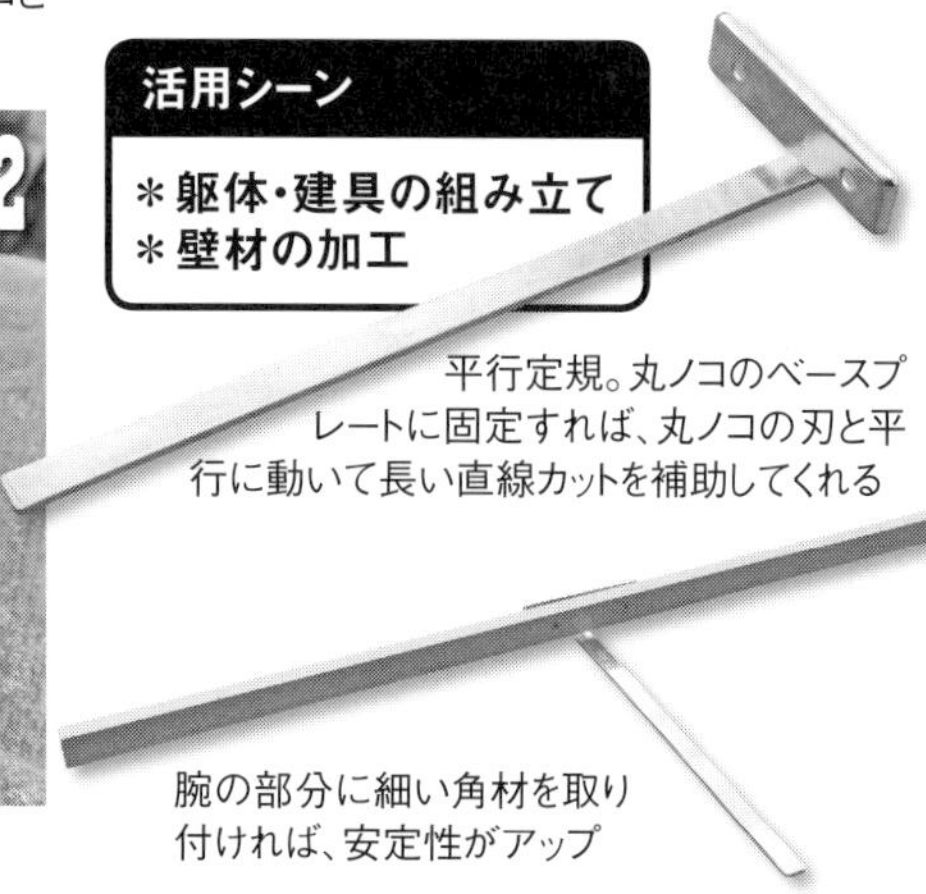

平行定規。丸ノコのベースプレートに固定すれば、丸ノコの刃と平行に動いて長い直線カットを補助してくれる

腕の部分に細い角材を取り付ければ、安定性がアップ

丸ノコにフェンスを取り付ける。腕の部分が丸ノコと平行になっている

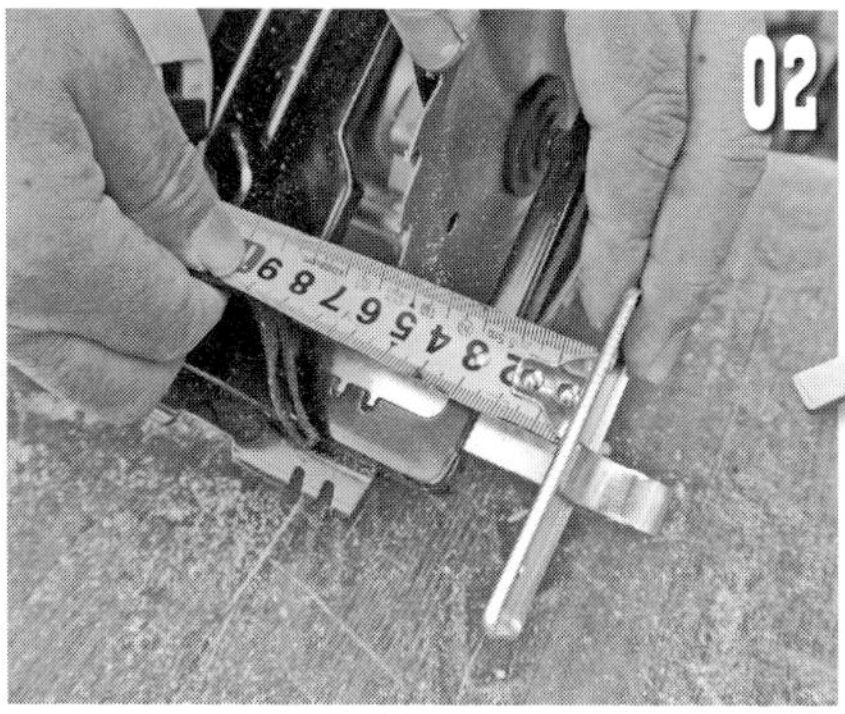

フェンスの位置を切り出したい材の幅に合わせる

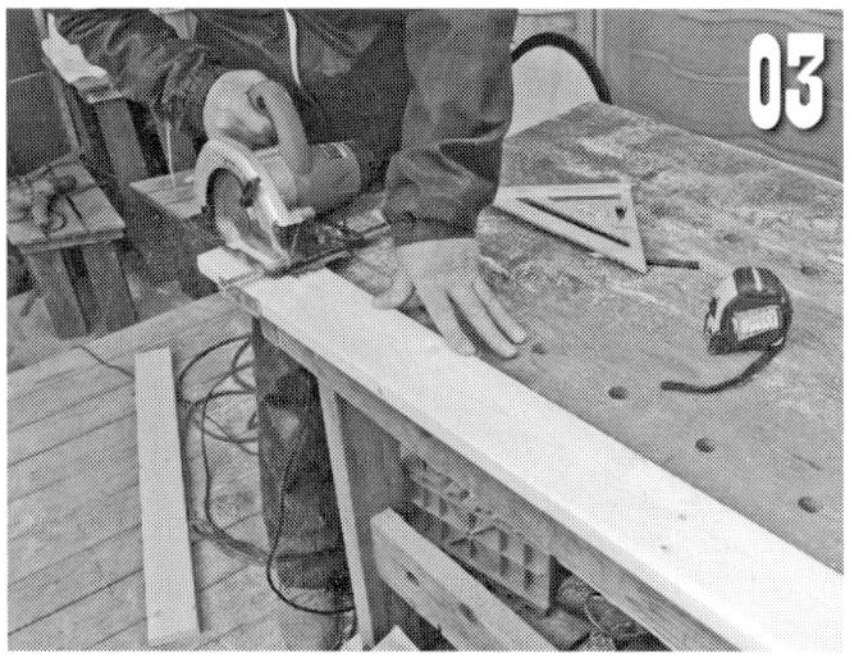

丸ノコの刃を回転させ材を切り始める。フェンスの腕の部分が材の側面を滑っていくことを意識しながら切り進めていこう

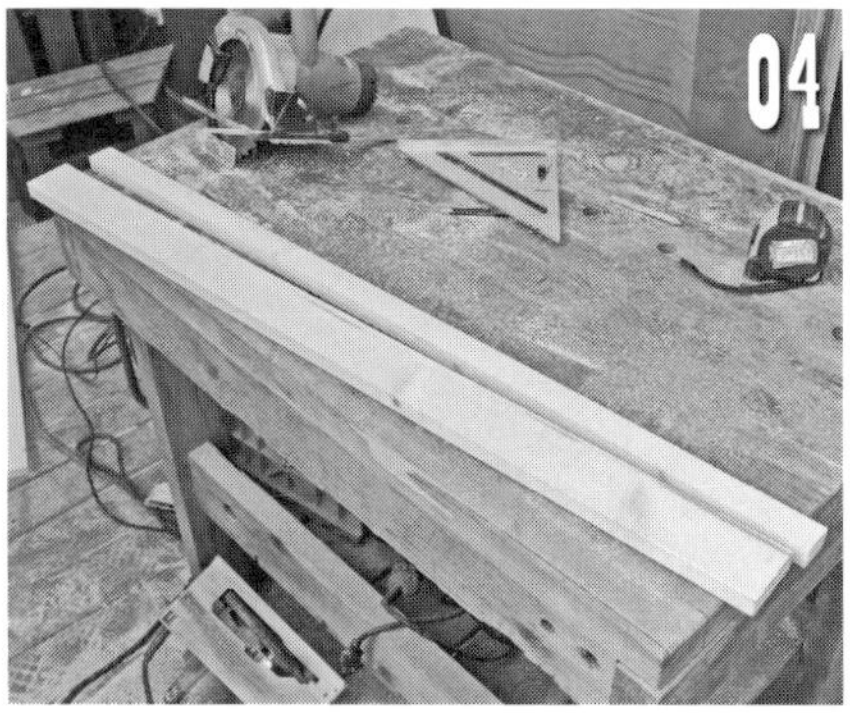

幅広の材から長くて細い材を切り出すことができた

自作ガイドで長い材を切る

合板のように長い材の直線カットはフリーハンドではほぼ不可能。そんな長い材をカットする際は、アルミアングルを利用した丸ノコ用ガイドの自作がおすすめ。

活用シーン

＊躯体の組み立て
＊壁材の加工

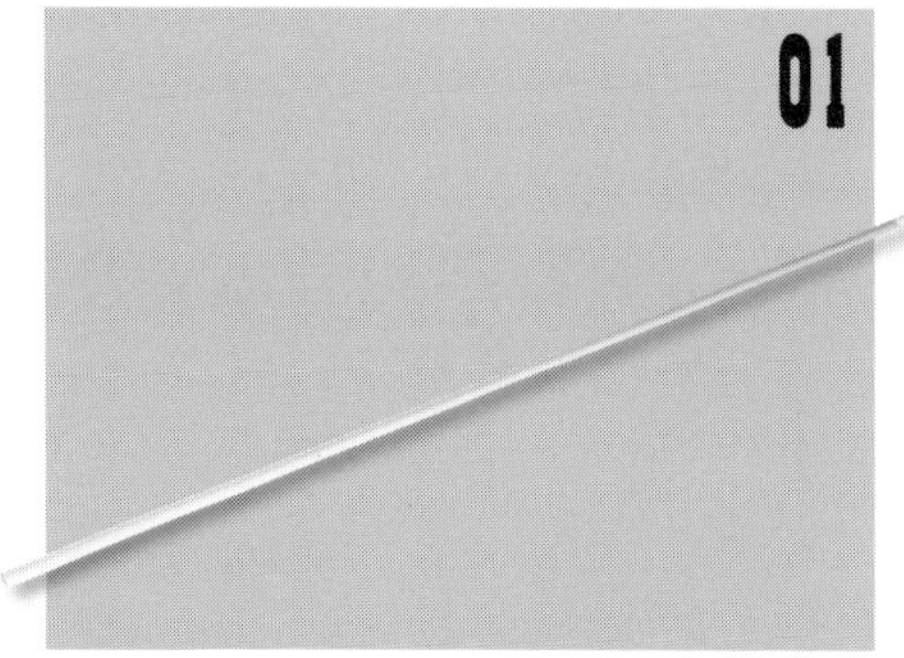

2mのアルミアングルを用意。鉄工用ドリルで数カ所に下穴をあける

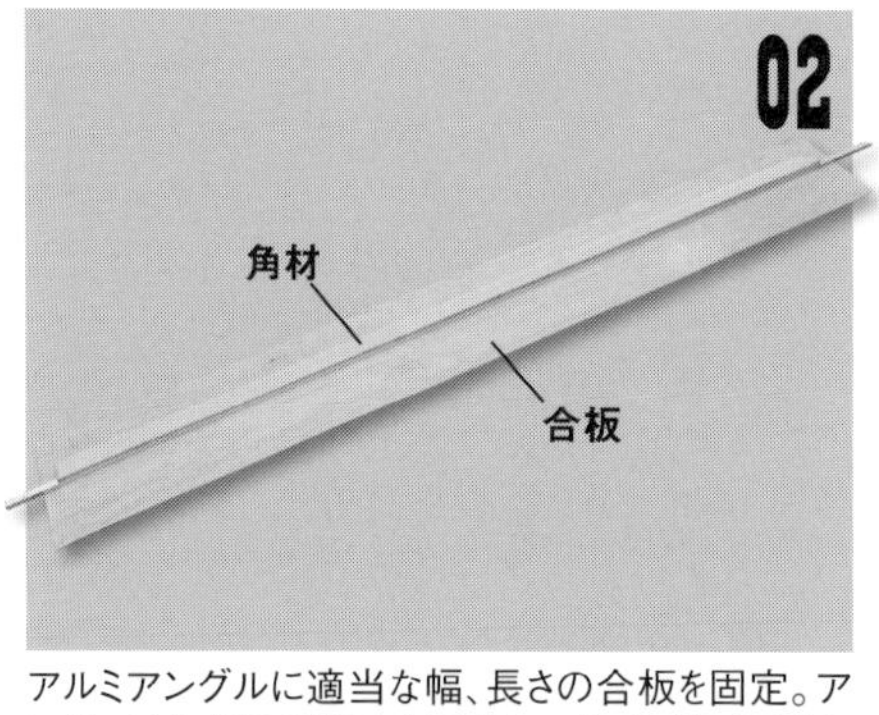

アルミアングルに適当な幅、長さの合板を固定。アングルは合板の裏面から固定し、ビス先端が露出しないよう表面に角材を当てた

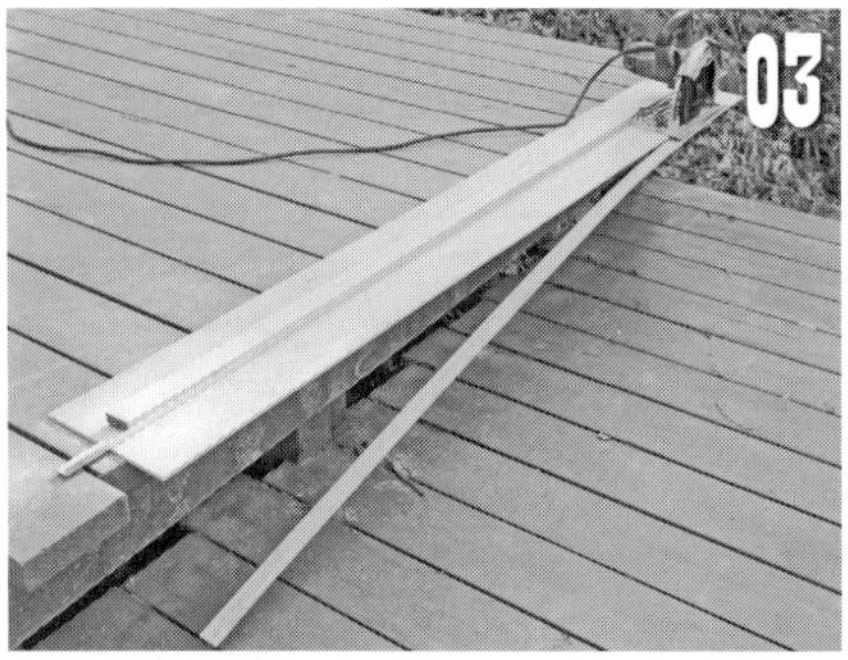

丸ノコのベースプレートにアルミアングルを沿わせて合板をカットすれば、自作ガイドの完成

墨線をガイドの端に合わせてクランプで固定。丸ノコのベースプレートを自作ガイドのアングルに沿わせれば、合板をはじめ長い材の正確な直線カットができる

丸ノコで材に溝を掘る

建具の窓をはめ込むときの溝は、材に丸ノコの刃を切り込むことで切削することができる。切り込み深さを調整し、場合によっては何度か往復して切り込みを入れることで、溝幅を調整しよう。

活用シーン

＊建具の組み立て

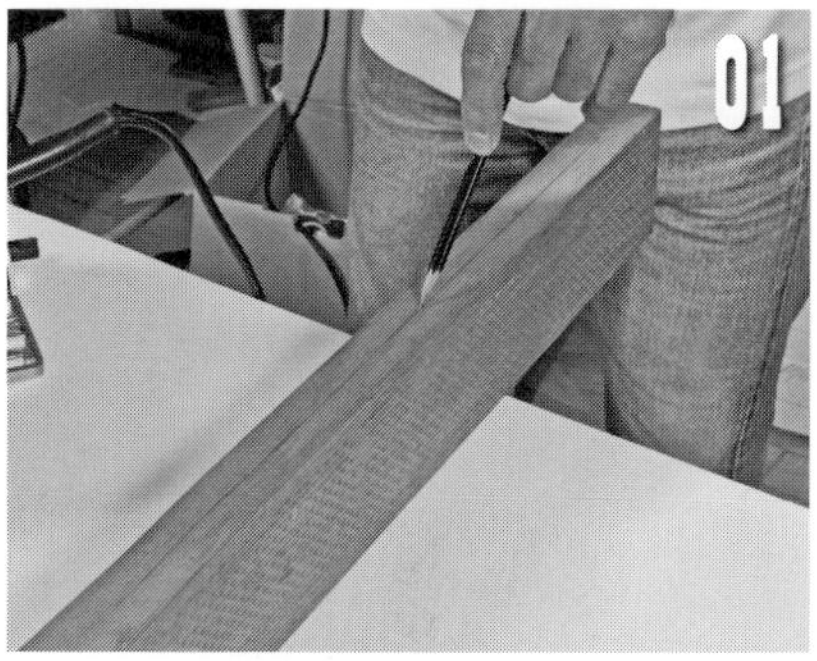

溝を掘りたい箇所に墨つけをする。溝の幅もしっかりと墨つけしたい

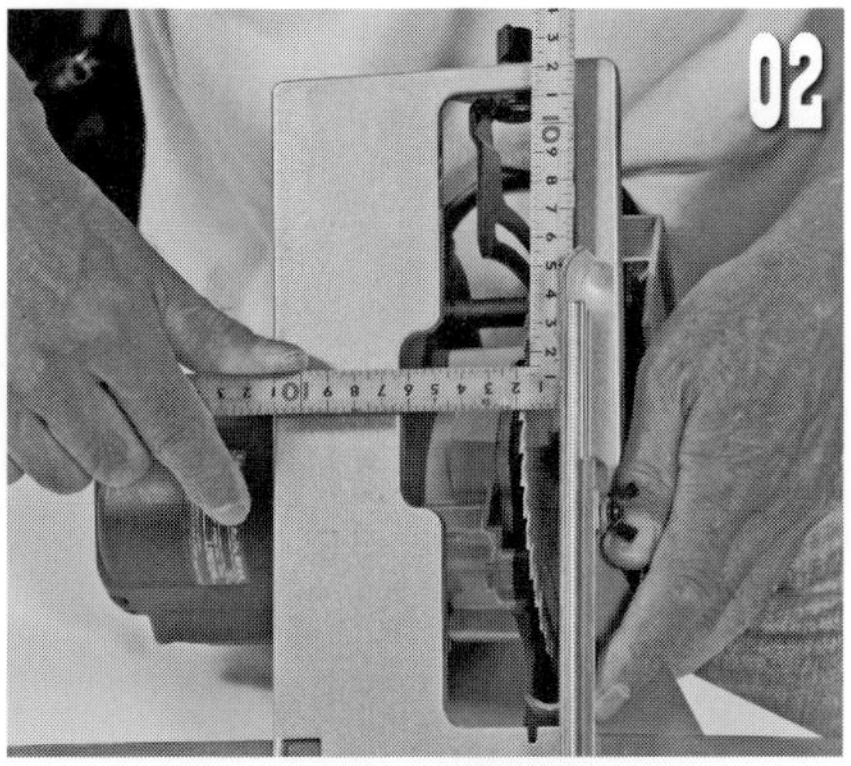

丸ノコ刃の切り込み深さを調整する

切り込みスタート。刃を真っすぐに切り進められるようフェンスを使用。材が倒れやすいので細心の注意を払って作業を進めること

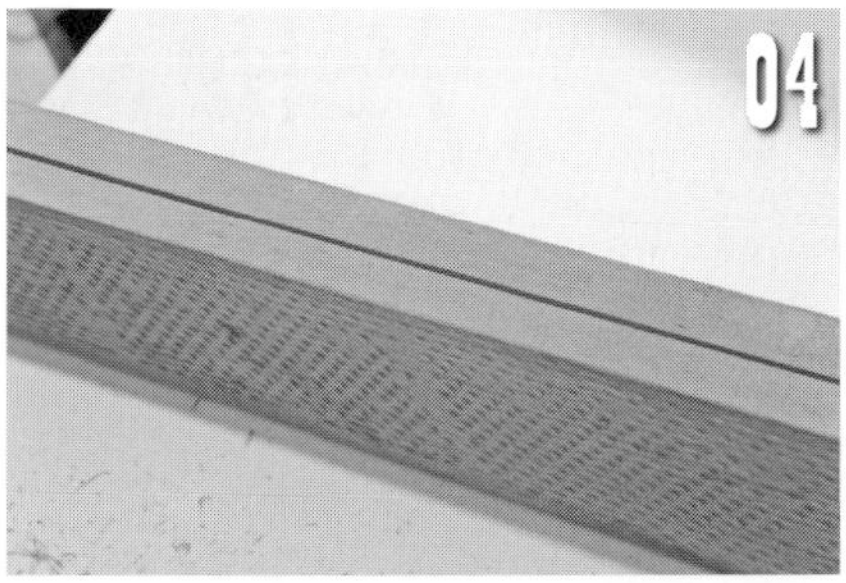

丸ノコの刃の厚さ分の溝を切ることができた。写真の場合、溝の幅は2.2㎜

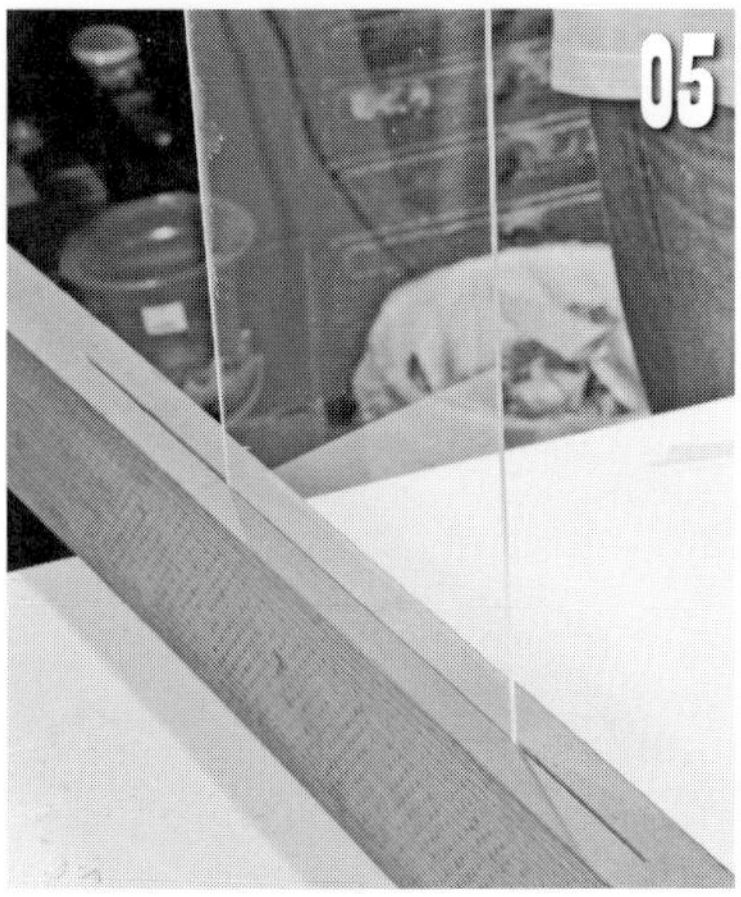

厚さ2㎜のアクリル板をはめ込むのにぴったりの溝を作ることができた

ジグソーで窓抜き加工をする

壁や床のくり抜きや小さな窓の加工に役立つテクニック。なお、ここでは直線カットのみの四角い窓の切り抜きなので普通のブレードでいいが、丸窓などの曲線を描く場合は必ず曲線ブレードを使うこと。

活用シーン

＊壁、床、天井下地の窓抜き

材に墨線を引き、墨線の内側にドリルビットで穴をあける。この穴がジグソーのブレードを差し込む穴となる

写真のように墨線のコーナーに穴をあけた

穴のひとつにブレードを差し込み、ジグソーカットスタート。墨線の突き当たりまでカットする

手順03を繰り返せば、窓を抜くことができる。まだ隅に切り残した部分がある状態

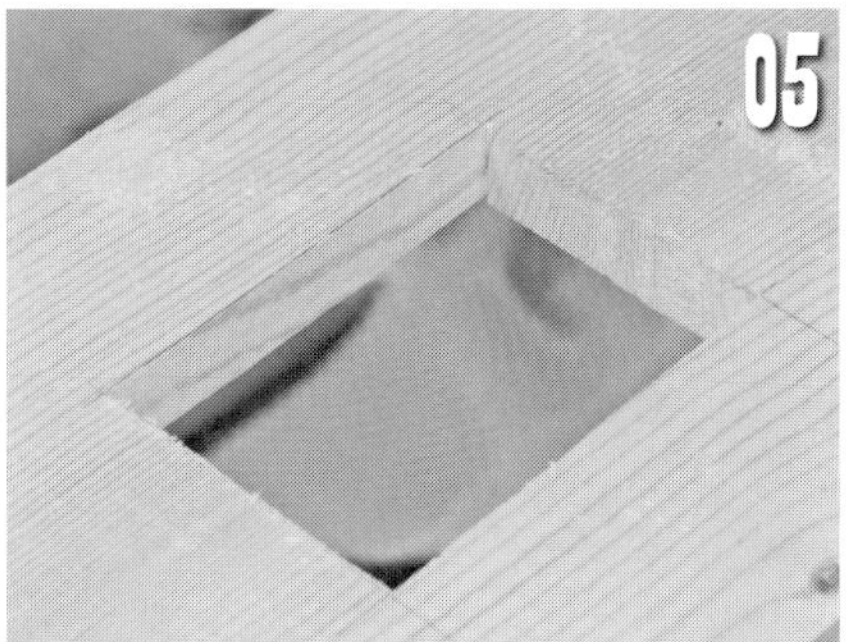

切り残しをブレードできれいに切り落とせば、窓抜きが完了

[あける・つなぐ]

ビスを斜めに打ち込む

材に対して真っすぐビス打ちできない場合、ビスを斜めに傾けて打ち込む。小屋作りの組み立てでは避けて通ることのできない必須テクニックだ。建具の組み立てなど、ていねいに作業したい場合は、ドリルで下穴をあけてからビスを打つといい。

活用シーン

＊土台・躯体・建具の組み立て

下穴をあけてから斜めにビスを打つ

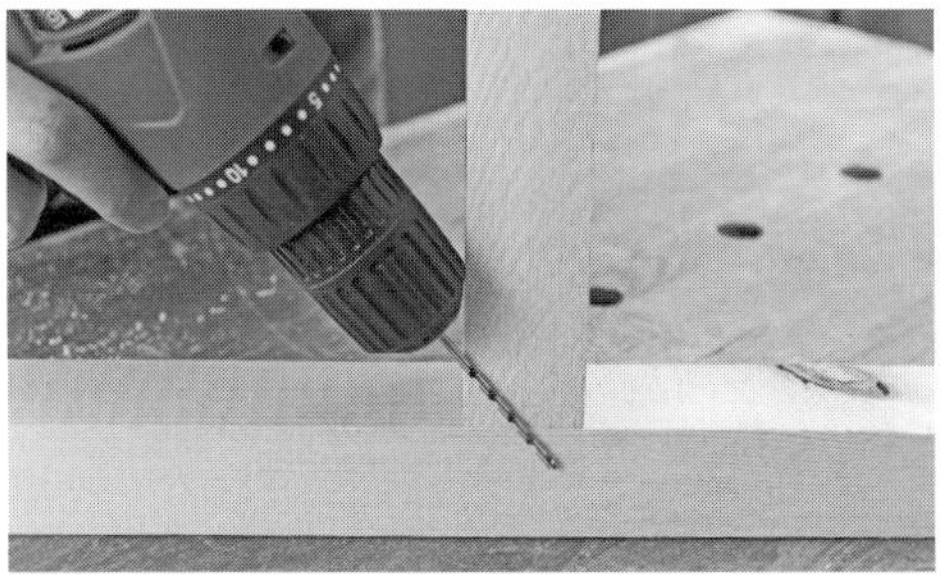

ビスの通る位置をドリルビットで確認し、斜めに下穴をあけるイメージをつかんでおく

ドリルビットで材に斜めに下穴をあける

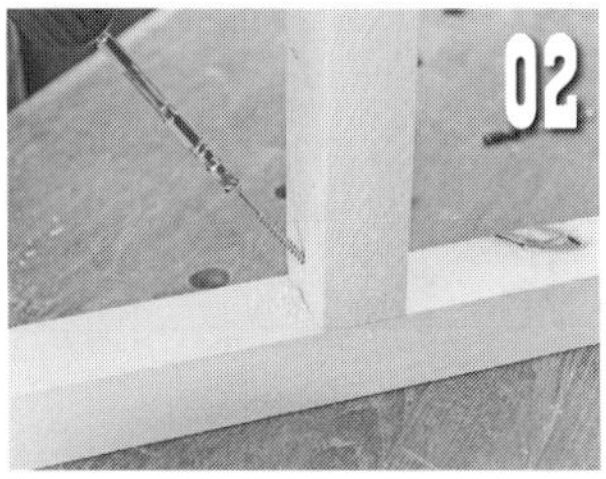

下穴に合わせてビス留めする。下穴があるのでビスがスムーズに入っていくはずだ

斜めにビスを打つ

斜めにビスを打つイメージ。材に対して斜めに入るので長めのコーススレッドを使う

打ち始めは材に対し、ビスを真っすぐ打つ

ビスの刃が材に食い込んだところで斜めにして打つ

下穴をあけて蝶番を取り付ける

蝶番の取り付けで失敗しやすいのがビス留めの位置。ビス穴の真ん中で正確に留めないと蝶番は正しい位置につかない。そこで蝶番を材にあてがいビス穴のセンターに墨つけし、下穴をあけてしまう。この下穴がビスを正確な位置を誘導してくれるというわけだ。

活用シーン

＊建具の取り付け

蝶番のビス穴のセンターに正確に墨つけする

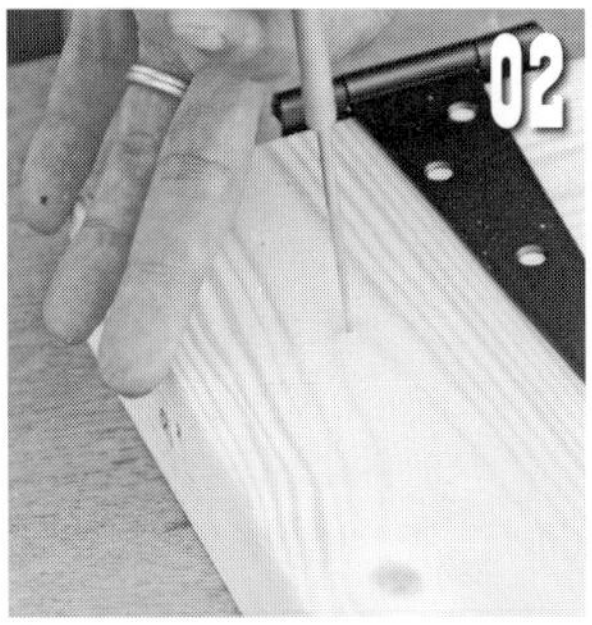

蝶番を外し、墨線にしたがって垂直に下穴をあける。テーパーのついた下穴ドリルが使いやすい

蝶番を戻し、ビス留めする。これで正しい位置に蝶番を取り付けることができる

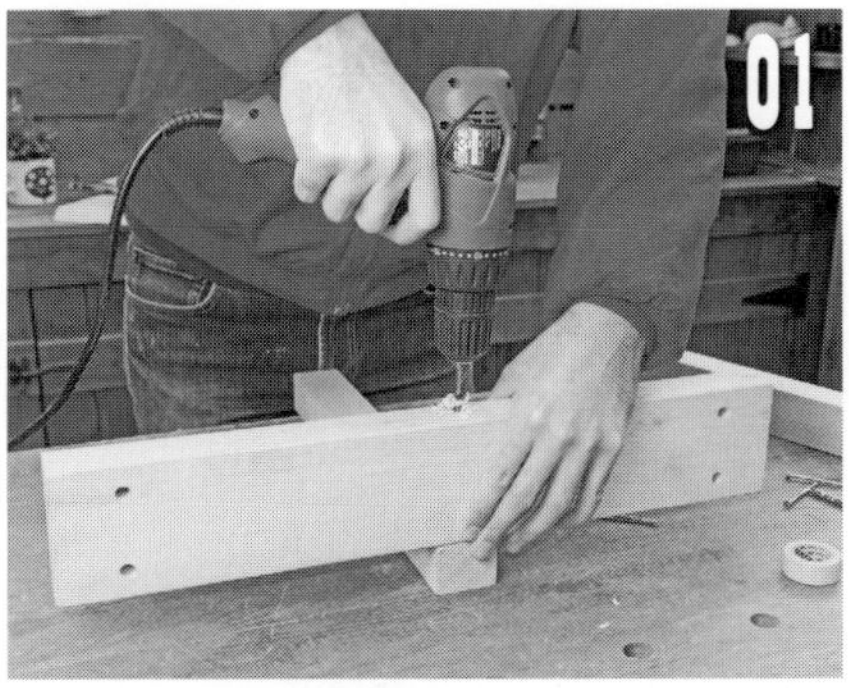

ビスが相手の材に効く深さまでドリルビットで材を座掘りする

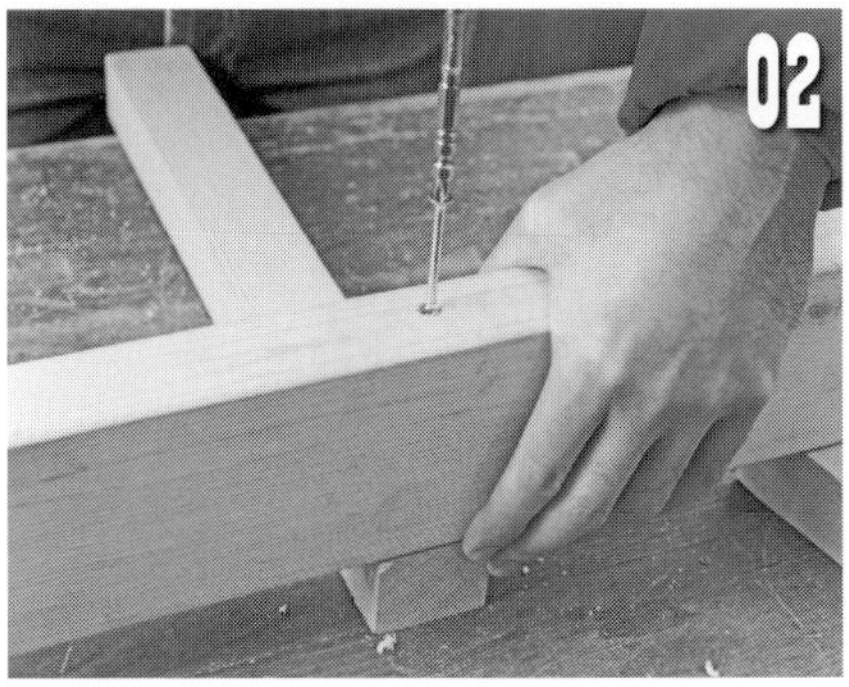

座掘りした穴にビスを入れ、底までビスを打ち込む。これで厚みのある材でも接合できる

使用するビスを材に当ててみると、ドリルビットで座掘りする深さがわかる

厚みのある材を座掘りしてビスを打つ

厚みのある材をビスで接合する場合は、材を座掘り(ビスの効く深さまで穴あけ)してからビスを打ち込む。小屋作りでは窓やドアなど建具の枠板を接合する際に行なわれることが多い。なお、座掘りするときに使うドリルビットは、ビス頭より大きな径のものを選ぶこと。

活用シーン

＊建具の組み立て

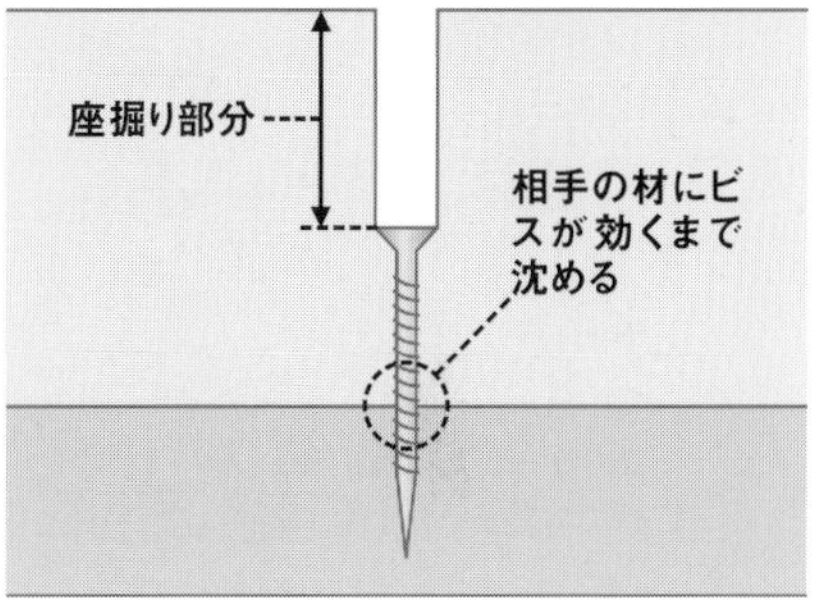

窓の四方にクサビを打ち込み仮固定した例。これで両手が自由に使えるので蝶番の取り付けも簡単

必要なサイズに合わせたクサビを端材から切り出せばいい

ドア下に差し込んだバールを足で踏むことによりドアが持ち上がる。これでドアの位置を調整しビス留めするというわけだ。なお、ドア上、ドア下のすき間の目安は約5㎜

建具の取り付けはバールやクサビで補助する

ドアや窓など建具をつけるときは、上下左右に多少のすき間を作っておかないとうまく開閉しない。とはいえひとりで作業するのは至難の業。そこで活躍するのがバール。バールをドアの下端に差し込み、足で踏んでドアを持ち上げておけば、両手が自由に使えるというわけだ。クサビの使い方も同様。工夫次第でひとりでも小屋作りを進めることができる。

活用シーン

＊建具の取り付け

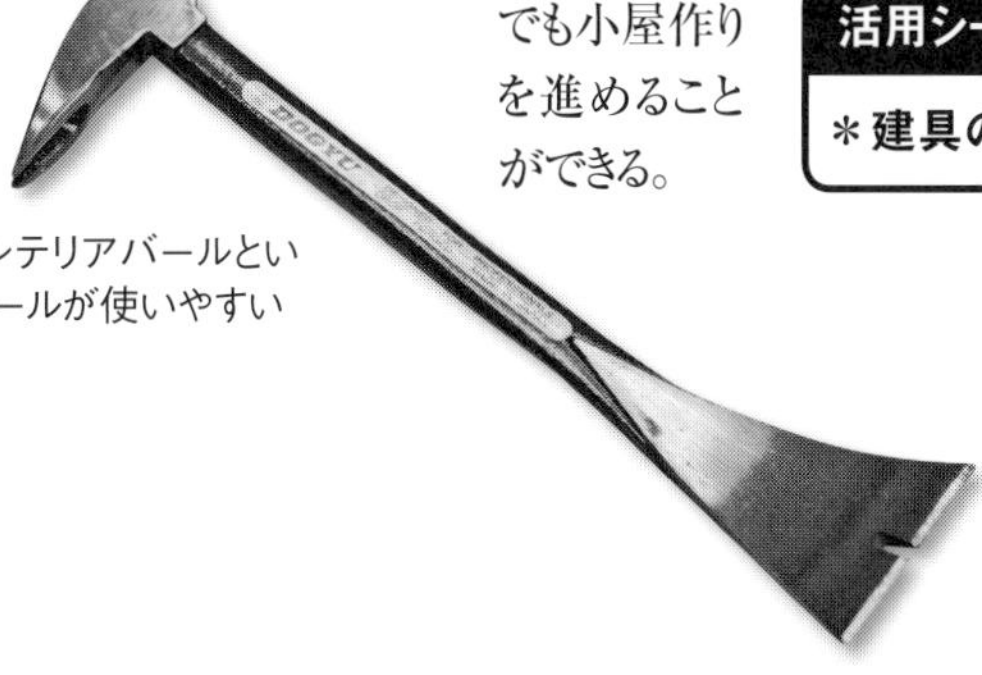

ここではインテリアバールという小型のバールが使いやすい

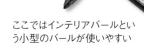

小屋作りの現場に見る裏ワザテクニック!

金具を使って躯体を補強する

小屋の躯体は通常ビスだけでも固定できるが、さらに強固に接合したい場合は金具を併用するといい。2×4工法専用に作られたシンプソン金具は種類も多く、手軽に各部位の補強ができる。接合部位にカスガイを打ち込むのも簡単な補強方法のひとつだ。

シンプソン金具。こちらは土台枠につけた根太を補強するタイプ

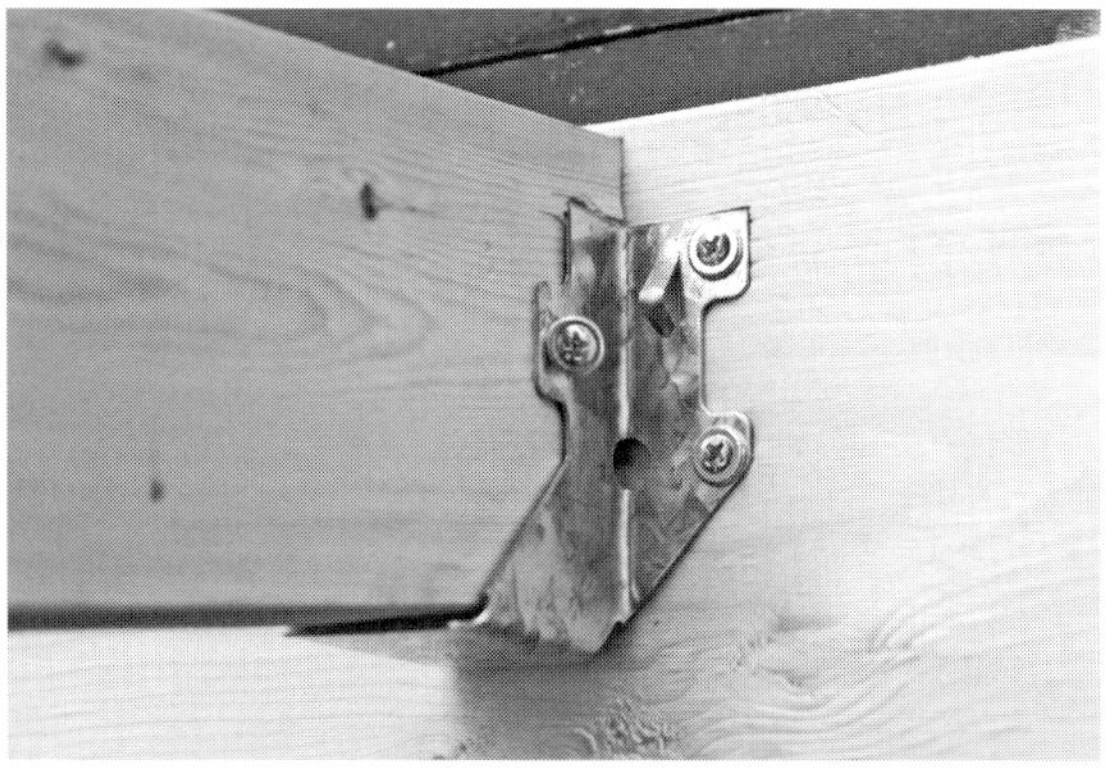

接合部位にカスガイを打ち込んだ例

屋根に板材を打って足場を作る

高所かつ傾斜が急な屋根での作業は、転落事故を起こさぬよう安全に注意を払って作業を進めたい。このような屋根の作業では、屋根に直接板材を打ち留めて足場を作っておくと、作業が格段にしやすくなる。

急角度の屋根での作業などでは、板材を仮留めし足場を作ることをおすすめする

簡易足場で高所作業を楽に

作業が屋根に移るころには、高所での作業がほとんどとなる。ここまでくると脚立1脚を移動させながら作業をするのは効率が悪い。こんなときは脚立2脚を用意して、その間に長尺材を渡せば簡易足場の完成だ。

写真のように脚立2脚を並べ、その間に足場材を渡せば即席の足場が登場

本書を理解するための用語辞典

あ

アオリ止め（あおりどめ）
ドアや窓を開いた際、風にあおられないよう固定する留め金具。

アスファルトシングル
アスファルトフェルト等にアスファルトを塗布して仕上げた屋根仕上げ材。軽量で加工しやすく、曲面や不定形の面にも使用することができる。緑系や赤系などカラーも豊富。

ＯＳＢ合板（おーえすびーごうはん）
オリエンテッド・ストランド・ボードの略称。アカマツの薄片を積み重ねて、接着剤で圧着した構造用のボード。天井や壁の下地材に使われるが、その特徴的な模様からそのまま壁面として使用することもある。

大引（おおびき）
根太を支える横架材。

か

片流れ屋根（かたながれやね）
1方向にだけ傾斜のある屋根の形状のこと。面倒な妻壁の加工がなく、構造がシンプルなので、ビギナー向けの屋根形状といえる。

切り妻屋根（きりつまやね）
屋根の頂点かつ中心である棟木から、両側に勾配のついた屋根を持つ屋根形式のこと。2面で構成される山型の形状をしたポピュラーな屋根。

沓石（くついし）
コンクリートで作られた四角錐台の基礎石。束柱が履く石だから沓石と呼ばれる。その多くは柱のホゾを差し込むための穴が中心にあいている。

コーススレッド
一般のビスに比べて、らせんの刃が高く粗くつけられたネジ。木材に早くガッチリ食いつくデザインで、保持力は同じサイズのクギの約5倍といわれる。

さ

在来工法（ざいらいこうほう）
パネルを組み合わせる2×4工法に対し、土台、柱、梁、桁などで全体の骨組みを作り、そこに壁を張るなどして仕上げる工法。日本の伝統的な工法に影響を受けた建て方で、さまざまな継ぎ手を使って組み立てるのが特徴。軸（柱）で構成されるので、軸組工法とも呼ばれる。

ジグ
材料の加工や組み立ての際、工具や部材の位置を固定し、正確な作業を行なえるよう補助する道具のこと。治具。

ステイン
木部保護塗料のこと。浸透性の塗料なので木目を生かした塗装が行なえる。水性、油性の2種類があり、カラーも豊富。

た

垂木（たるき）
屋根を支えるために棟木から軒に向かって斜めに渡される材。

2×4工法（つーばいふぉーこうほう）
床、壁ともに2×材で組んだ枠に合板を張って、パネルにして組み立て、面で強度を確保する建築工法。柱などに継ぎ手を加工する必要がなく、通常の日曜大工の技術でも十分に小屋を自作できるので、ビギナー向けの工法ともいえる。

束柱（つかばしら）
沓石の上に置かれ、小屋の土台を支える短い脚。4×4材など90㎜程度の角材が使われる。

突きつけ（つきつけ）
接ぎ手を用いず、材料同士をクギやビスで直接固定する方法。材同士を単純に突き合わせて固定すること。

戸当たり（とあたり）
ドアや窓など建具を閉じたとき、戸が内側に行きすぎないよう取り付ける受け板。

トラス
屋根を支える複数の三角形からなる構造体。その構造から屋根の荷重をバランスよく支える。

トリミングボード
ドア周りや窓周りをきれいに仕上げるために張る板材。幅広の材が多く使われる。

な

根太（ねだ）
床を支えるために張り渡された板材。通常2×4材や2×6材を芯芯（真ん中と真ん中）455㎜間隔で配置する。

野地板（のじいた）
屋根の下地として垂木の上に張る板材。現在は野地板の代わりに合板を使うことも多い。また小屋作りでは外壁材（サイディング）として使われることも。

は

鼻隠し（はなかくし）
軒先に伸びる垂木先端の木口を保護する板材。

破風板（はふいた）
屋根の先端に付けた棟木の木口を保護する板材。

ビス
フランス語のネジ。スクリュー、スレッドも同様にネジのことを指す。どれも軸にネジ山のついた円錐で、材と材を接合したり、材に何かを接合するために使われる。

ま

丸落とし（まるおとし）
ドアや門などにかける丸い突っかえ棒のついた金具。ラッチ（かんぬき）の一種。

棟木（むなぎ）
屋根の骨組みの最頂部（棟）に架ける横架材。

や

養生（ようじょう）
工事中に構造物に傷がついたり、汚れたりしないよう周囲を保護すること。塗装の際、周囲を汚さないようシート等で保護すること。

ら

ルーフィング
屋根の下地に張る防水紙。ルーフィングは屋根のほか、外壁の下地に張り、防水力を高めるために使うこともある。

DIY SERIES
ドゥーパ!特別編集

自分でできる!
小屋の作り方

2016年9月10日　第1刷発行
2023年9月24日　第8刷発行

発行人／松井謙介
編集人／長崎 有

発行所／株式会社 ワン・パブリッシング
〒110-0005　東京都台東区上野3-24-6

印刷所／共同印刷株式会社

●この本に関する各種お問い合わせ先
内容等のお問い合わせは、下記サイトのお問い合わせフォームよりお願いします。
https://one-publishing.co.jp/contact/

不良品(落丁、乱丁)については業務センター　Tel 0570-092555
〒354-0045 埼玉県入間郡三芳町上富279-1

在庫・注文については書店専用受注センター　Tel 0570-000346

ワン・パブリッシングの書籍・雑誌についての新刊情報・詳細情報は、下記をご覧ください。
https://one-publishing.co.jp/

※本書は2016年9月に学研プラスから刊行されたものです。

STAFF
PLANNING & PRODUCE　(株)キャンプ
EDITORS　脇野修平、豊田大作、設楽 敦、小宮幸治、宮原千晶、中村信之介(以上、キャンプ)
ASSISTANT　上ノ坊 温
ART DIRECTION & DESIGN　髙島直人(colors)
PHOTOGRAPHERS　佐藤弘樹、冨士井明史、田里弐裸衣、柳沢克吉、伊勢和人、江藤海彦、清水良太郎、高島宏幸、谷瀬 弘、福島章公
ILLUSTRATORS　丸山孝広、ドゥーパ!編集部